Não-coisas

Dados Internacionais de Catalogação na Publicação (CIP)
(Câmara Brasileira do Livro, SP, Brasil)

Han, Byung-Chul
  Não-coisas : reviravoltas do mundo da vida / Byung-Chul Han ; tradução de Rafael Rodrigues Garcia. – Petrópolis, RJ : Vozes, 2022.

  Título original: Undinge

  3ª reimpressão, 2025.

  ISBN 978-65-5713-680-5

  1. Filosofia 2. Inteligência artificial I. Garcia, Rafael Rodrigues. II. Título.

  22-113384   CDD-100

Índices para catálogo sistemático:
1. Filosofia 100

Aline Graziele Benitez – Bibliotecária – CRB-1/3129

BYUNG-CHUL HAN
Não-coisas
Reviravoltas do mundo da vida

Tradução de Rafael Rodrigues Garcia

EDITORA
VOZES

Petrópolis

© by Ullstein Buchverlage GmbH. Publicado em 2021 por Ullstein Verlag.

Tradução do original em alemão intitulado
Undinge – Umbrüche der Lebenswelt

Direitos de publicação em língua portuguesa – Brasil:
2022, Editora Vozes Ltda.
Rua Frei Luís, 100
25689-900 Petrópolis, RJ
www.vozes.com.br
Brasil

Todos os direitos reservados. Nenhuma parte desta obra poderá ser reproduzida ou transmitida por qualquer forma e/ou quaisquer meios (eletrônico ou mecânico, incluindo fotocópia e gravação) ou arquivada em qualquer sistema ou banco de dados sem permissão escrita da editora.

CONSELHO EDITORIAL

Diretor
Volney J. Berkenbrock

Editores
Aline dos Santos Carneiro
Edrian Josué Pasini
Marilac Loraine Oleniki
Welder Lancieri Marchini

Conselheiros
Elói Dionísio Piva
Francisco Morás
Teobaldo Heidemann
Thiago Alexandre Hayakawa

Secretário executivo
Leonardo A.R.T. dos Santos

PRODUÇÃO EDITORIAL

Anna Catharina Miranda
Eric Parrot
Jailson Scota
Marcelo Telles
Mirela de Oliveira
Natália França
Priscilla A.F. Alves
Rafael de Oliveira
Samuel Rezende
Verônica M. Guedes

Editoração: Monique Vicente
Diagramação: Sheilandre Desenv. Gráfico
Revisão gráfica: Anna Carolina Guimarães
Capa: Editora Vozes

ISBN 978-65-5713-680-5 (Brasil)
ISBN 978-3-350-20125-73 (Alemanha)

Este livro foi composto e impresso pela Editora Vozes Ltda.

Sumário

Prefácio, 7
Da coisa à não-coisa, 11
Da posse à vivência, 31
Smartphone, 41
Selfies, 59
Inteligência artificial, 71
Vistas das coisas, 85
Silêncio, 137
Um excurso sobre o *jukebox*, 151

Prefácio

Em seu romance *Hisoyaka na Kesshô*[1], a escritora japonesa Yoko Ogawa fala de uma ilha sem nome. Ocorrências inusitadas preocupam os habitantes da ilha. Inexplicavelmente, as coisas lá desaparecem e não é possível recuperá-las. Coisas perfumadas, brilhantes, reluzentes, maravilhosas: fitas para cabelo, chapéus, perfumes, sinos, esmeraldas, selos, até mesmo rosas e pássaros. As pessoas não sabem mais para que servem todas essas coisas. Com elas, as memórias também desaparecem.

Yoko Ogawa descreve em seu romance um regime totalitário que bane coisas e memórias da sociedade com a ajuda de uma polícia da memória, semelhante à polícia do pensamento de Orwell. As pessoas vivem no inverno

---

[1] Traduzido para o português como *A polícia da memória*. Estação Liberdade, 2021 [N.T.].

eterno do esquecimento e da perda. Aqueles que vão secretamente atrás de memórias são presos. Até mesmo a mãe da protagonista, que protege em uma cômoda secreta as coisas ameaçadas de desaparecerem, é perseguida e morta pela polícia da memória.

Hisoyaka na Kesshô pode ser lida como uma analogia ao nosso presente. Hoje, também, as coisas estão constantemente desaparecendo sem que sequer notemos. A inflação das coisas nos ludibria a acreditar no oposto. Em contraste com a distopia de Yoko Ogawa, não vivemos em um regime totalitário com uma polícia do pensamento, que rouba brutalmente às pessoas suas coisas e suas memórias. Ao contrário, é nosso inebriamento de comunicação e informação que leva as coisas a desaparecerem. Informações, isto é, não-coisas, se interpõem às coisas e as fazem desaparecer completamente. Não vivemos em um domínio de violência, mas em um domínio de informação que se apresenta como liberdade.

Na distopia de Ogawa, o mundo é sucessivamente esvaziado; por fim, desaparece. Tudo é apanhado no desaparecimento, em uma dissolução progressiva. Até mesmo partes do corpo desaparecem. No final, só as vozes desencarnadas flutuam sem rumo no ar. A ilha sem nome das coisas e com memórias perdidas se assemelha ao nosso presente em alguns aspectos. Hoje, o mundo se esvazia em informações que são tão fantasmagóricas quanto aquelas vozes desencarnadas. A digitalização descoisifica e desencorpora o mundo. Ela também elimina as memórias. Em vez de investigar memórias, nós armazenamos grandes quantidades de dados. Assim, a polícia da memória é substituída por meios digitais que executam seu trabalho de forma totalmente não-violenta e sem muito esforço.

Em contraste com a distopia de Ogawa, nossa sociedade da informação não é tão monótona assim. Informações falseiam eventos. Elas vivem do estímulo da surpresa. Mas o estímulo não dura muito tempo. Surge rapidamente uma necessidade de novos estímulos. Acostumamo-nos a perceber a realidade em termos de estímulos, em termos de surpresas. Como caçadores de informação, nos tornamos cegos a coisas silenciosas, discretas, até mesmo coisas ordinárias, trivialidades ou convencionalidades que carecem de estímulo, mas que percebemos em nossa vida diária. Elas carecem de estímulo, mas nos ancoram no ser.

Da coisa à não-coisa

A ordem terrena, a ordem da Terra, consiste em coisas que assumem uma forma duradoura e formam um ambiente estável para constituir morada. Elas são aquelas "coisas do mundo", no sentido de Hannah Arendt, às quais se atribui a tarefa de "estabilizar a vida humana"[2]. Elas lhe dão uma sustentação. Hoje, a ordem terrena está sendo substituída pela ordem digital. A ordem digital *descoisifica* o mundo ao *informatizá-lo*. Décadas atrás, o teórico da mídia Vilém Flusser observou: "As não-coisas estão atualmente invadindo nosso ambiente de todos os lados, e estão suplantando as coisas. Essas não-coisas são chamadas

---

2 ARENDT, H. *Vita activa oder Vom tätigen Leben*. Munique, 1981, p. 125.

de informação"[3]. Hoje nos encontramos em uma transição da era das coisas para a era das não-coisas. Não as coisas, mas as informações determinam o mundo da vida. Nós não habitamos mais a terra e o céu, mas o Google Earth e Cloud. O mundo está se tornando cada vez mais incompreensível, mais nublado e fantasmagórico. Nada é *palpável* e *tangível*.

As coisas estabilizam a vida humana na medida em que lhe conferem uma continuidade que "deriva do fato de que a mesma cadeira e a mesma mesa se defrontam com pessoas que mudam todos os dias com uma familiaridade que permanece"[4]. As coisas são polos de repouso da vida. Hoje elas estão completamente saturadas por informações. A informa-

---

[3] FLUSSER, V. *Dinge und Undinge – Phenomenological Sketches*. Munique, 1993, p. 81 [vale mencionar que Flusser, que viveu no Brasil entre 1940 e 1972, parece ter cunhado o termo que aqui vertemos por não-coisas em português, antes mesmo da elaboração do texto citado nesta nota por Han: este seria o *inobjeto*, que dá título ao pequeno texto de nome *Do inobjeto*. Cf. FLUSSER, V. (2006). Do inobjeto. *ARS*, 4(8), 30-35. https://doi.org/10.1590/S1678-53202006000200003 – N.T.].

[4] ARENDT, H. *Vita activa oder Vom tätigen Leben*. Op. cit., p. 125.

ção é tudo menos o polo de repouso da vida. Não é possível demorar-se nas informações. Elas têm uma margem muito estreita de atualidade. Elas vivem do estímulo da surpresa. Por sua fugacidade, elas desestabilizam a vida. Hoje em dia, nossa atenção é permanentemente absorvida por elas. O *tsunami* da informação coloca o próprio sistema cognitivo em desassossego. Informações não são uma unidade estável. Falta-lhes a consistência do ser. Niklas Luhmann caracteriza as informações da seguinte forma: "Sua cosmologia é uma cosmologia não do ser, mas da contingência"[5].

As coisas hoje estão cada vez mais relegadas para segundo plano da atenção[6]. A atual

---

5 LUHMANN, N. *Entscheidungen in der "Informationsgesellschaft"*. https://www.fen.ch/texte/gast_luhmann_informationsgesellschaft.htm

6 Há algumas décadas, um interesse crescente pelas coisas pode ser observado nos estudos culturais. Entretanto, o interesse teórico pelas coisas não indica que elas estejam se tornando mais importantes no mundo cotidiano. O fato de as coisas serem especificamente elevadas ao *status* de objeto de reflexão teórica é precisamente um sinal de seu desaparecimento. As canções de louvor às coisas são, na verdade, de despedida. Banidos do mundo da vida, buscam refúgio em teoria. A "cultura material" e a "virada material" também podem ser entendidas como reações à desmate-

hiperinflação das coisas, que leva ao seu aumento explosivo, aponta precisamente para a crescente indiferença em relação a elas. Nossa obsessão não é mais com as coisas, mas com informações e dados. Agora produzimos e consumimos mais informações do que coisas. Ficamos totalmente intoxicados com a comunicação. As energias libidinosas se desviam das coisas e ocupam não-coisas. A *infomania* é o resultado. Todos nós nos tornamos *infomaníacos*. Desapareceu o fetichismo das coisas. Estamos nos tornando fetichistas de informação e dados. Agora até se fala de "datassexuais".

A revolução industrial consolida e expande a esfera das coisas. Ela nos afasta apenas da natureza e do trabalho manual. Somente a digitalização encerra o paradigma da coisa. Ela subordina as coisas à informação. Os hardwares são subordinados aos softwares. Eles são secundários em relação às informações. Sua miniaturização os faz encolher cada vez mais. A internet das coisas as transforma em termi-

---

rialização e à descoisificação da realidade devido à digitalização.

nais de informação. A impressora 3D priva de valor as coisas em seu *ser*. Elas são degradadas a derivados materiais de informação.

O que acontece com as coisas quando elas são impregnadas por informações? A informatização do mundo transforma as coisas em *infômatos*, ou seja, *atores* do processamento de informações. O carro do futuro não será mais uma coisa ligada a fantasmas de poder e posse, mas um "centro de distribuição de informações" móvel, precisamente um *infômato* que se comunica conosco: "O carro fala com você, informa-o 'espontaneamente' sobre a condição geral dele – e sobre a sua também (talvez se recuse a funcionar se você não estiver funcionando bem), dá conselhos e toma decisões, é um parceiro em uma negociação abrangente sobre como viver [...]"[7].

A análise do *Dasein* de Heidegger em *Ser e tempo* requer uma revisão que leve em conta a informatização do mundo. O "ser no mundo" de Heidegger se dá como um "manejo" de coi-

---

7 BAUDRILLARD, J. *Das Andere selbst* – Habilitation. Viena, 1994, p. 11.

sas que estejam disponíveis, ou de "ante*mão*" ou "à *mão*". A mão é uma figura central na análise do *Dasein* de Heidegger. O "*Dasein*" de Heidegger (o termo ontológico para o ser humano) se abre ao meio ambiente por meio da mão. Seu mundo é uma esfera de coisas. Mas hoje vivemos em uma infosfera. Não *manejamos* as coisas passivamente, mas nos *comunicamos* e *interagimos* com os infômatos, e estes mesmos agem e reagem como atores. O ser humano agora não é um "*Dasein*", mas um "Inforg"[8] que se comunica e troca informações.

Na Smarthome, os infômatos *ocupam* [um*sorgt*] todo o nosso entorno. Eles realizam por nós todas as ocupações [Be*sorgung*]. Seu habitante fica completamente *sem preocupação* [*Sorge*]. O *telos* da ordem digital é provavelmente a superação da preocupação [*Sorge*], que Heidegger entende como uma característica da existência humana. *Dasein é preocupação* [*Sorge*]. A inteligência artificial hoje está no processo de se des-*ocupar* [ent-*sorgen*]

---

8 FLORIDI, L. *Die 4. Revolution – Wie die Infosphäre unser Leben verändert*. Berlim: 2015, p. 129ss.

completamente a existência humana, otimizando a vida e abolindo o futuro como fonte de preocupação [*Sorge*], ou seja, superando a *contingência do futuro*. O futuro calculável como um presente otimizado não nos causa nenhuma preocupação [*Sorge*][9].

Categorias da análise do *Dasein* de Heidegger como "história" [*Geschichte*], "ser-lançado" [*Geworfenheit*] ou "facticidade" [*Faktizität*] pertencem todas à ordem terrena. Informações são aditivas e não narrativas. São contáveis, mas não narráveis. Como unidades descontínuas, com uma curta margem de atualidade, elas não se somam a uma história. Nosso espaço de memória, também, é cada vez mais parecido com um armazém repleto de todo tipo de informação. A adição e a acu-

---

9 A tradição de traduções heideggerianas costuma verter o termo *Sorge* por *cuidado*. Contudo, recorrer a essa opção aqui nos faria perder de vista a articulação de *sorge* (preocupação) com os outros termos próximos, como se vê na passagem. Uma alternativa seria: "Na Smarthome, os infômatos nos *cercam* por todos os lados. Realizam todas as nossas tarefas. Seu habitante fica totalmente *despreocupado*. O *telos* da ordem digital é [...] a superação da preocupação. [...] *Dasein é cuidado*. A inteligência artificial está no processo de *descartar* a existência humana. [...]" [N.T.].

mulação suplantam as narrativas. A continuidade narrativa que se estende por longos períodos de tempo é o que distingue a história e a memória. Somente as narrativas criam sentido e contexto. A ordem digital, ou seja, numérica, é sem história e sem memória. Assim, ela fragmenta a vida.

O ser humano, como um projeto que se otimiza e se reinventa, eleva-se para além do "ser-lançado". A ideia de "facticidade" de Heidegger é que a existência humana é fundada sobre o indisponível. O "Ser" de Heidegger é outro nome para o indisponível. "Ser-lançado" e "facticidade" pertencem à ordem terrena. A ordem digital *defacticifica* a existência humana. Ela não aceita um fundamento de ser indisponível. Seu lema é: *ser é informação*. Assim, o ser é totalmente disponível e controlável. A *coisa* [*Ding*] de Heidegger, por outro lado, encarna a *condicionalidade* [Be-*Dingtheit*], a *facticidade da existência humana. A coisa é a cifra para a ordem terrena.*

A infosfera tem as faces de Janus. Ela nos ajuda a ter mais liberdade, mas ao mesmo tempo nos leva a aumentar a vigilância e o controle. O Google apresenta a smarthome do futuro em rede como uma "orquestra eletrônica". Seu habitante é um "condutor"[10]. Mas os autores desta utopia digital estão na verdade descrevendo uma *prisão inteligente*. Ao contrário, somos *conduzidos* por diferentes atores, por metrônomos invisíveis. Nós nos expomos a um olhar panóptico. *Smart bed* com vários sensores continua a vigilância mesmo durante o sono. A vigilância está se infiltrando cada vez mais na vida cotidiana, sob a forma de

---

10 SCHMIDT, E. & COHEN, J. *Die Vernetzung der Welt. Ein Blick in unsere Zukunft*. Hamburgo, 2013, p. 48ss.: "Sua casa é uma orquestra eletrônica, e você é o condutor. Com um simples movimento das mãos e comandos falados, você pode regular a temperatura, a umidade, a música e a iluminação. Em uma tela transparente você folheia as notícias do dia, enquanto seu guarda-roupas automatizado lhe fornece um terno recém-engomado porque seu calendário registra um compromisso importante para hoje. [...] Seu computador central sugere uma série de tarefas domésticas para seus robôs de serviço fazerem hoje, e você concorda com todas as sugestões. [...] Você ainda tem um pouco de tempo antes de sair de casa – é claro que você dirige para trabalhar no carro sem motorista. Seu automóvel conhece seu calendário e sabe que você precisa estar no escritório todas as manhãs; após avaliar a situação do trânsito, ele se comunica com seu relógio de pulso: você ainda tem sessenta minutos para sair. [...] Talvez você leve outra maçã consigo na saída, que você come no banco de trás do seu carro enquanto ele o leva para o trabalho".

conveniência. Os infômatos, que nos aliviam de muito trabalho, acabam sendo *informantes* eficientes que nos vigiam e controlam. É assim que ficamos aprisionados na infosfera.

No mundo controlado algoritmicamente, as pessoas perdem cada vez mais seu poder de ação, sua autonomia. Elas são confrontadas com um mundo que escapa a sua compreensão. Elas seguem decisões algorítmicas, mas não conseguem compreendê-las. Algoritmos se tornam caixas pretas. O mundo está perdido nas camadas profundas das redes neuronais às quais os humanos não têm acesso.

Informações por si só não esclarecem o mundo. Podem até mesmo obscurecê-lo. Além de um certo ponto, as informações não são informativas, mas deformativas. Este ponto crítico já foi ultrapassado há muito tempo. O rápido aumento da entropia informacional, ou seja, do caos informativo, está nos mergulhando em uma sociedade pós-factual. A distinção entre verdadeiro e falso está sendo nivelada. As informações agora circulam sem nenhuma referência à realidade em um espaço hiperreal. *Fake news* também são informações que possivelmente são mais eficazes do que fatos. O que conta é o *efeito a curto prazo*. A efetividade substitui a verdade.

Hannah Arendt, como Heidegger, adere à ordem terrena. Assim, ela frequentemente invoca a permanência e a duração. Não só as coisas do mundo, mas também a verdade têm de estabilizar a vida humana. Em contraste com a informação, a verdade possui uma *solidez de ser*. Ela se caracteriza pela duração e permanência. *Verdade é facticidade*. Ela resiste a todas as mudanças e manipulações. Assim, ela constitui o fundamento da existência humana: "A verdade poderia ser definida conceitualmente como aquilo que o ser humano não pode mudar; metaforicamente falando, é o fundamento sobre o que nos encontramos e o céu que se estende acima de nós"[11].

Significativamente, Arendt situa a verdade entre a terra e o céu. A verdade pertence à ordem terrena. Ela dá à vida humana uma *sustentação*. A ordem digital encerra a *época da*

---

11 ARENDT, H. Wahrheit und Politik. In: *Zwischen Vergangenheit und Zukunft*. Munique, 2000 [Übungen im politischen Denken, vol. I], p. 327-370; aqui, p. 370.

verdade e inaugura a *sociedade da informação pós-factual*. O regime de informação pós-factual eleva-se acima da verdade factual. As informações em sua forma pós-factual são *efêmeras*. Nada é *tangível*, toda *sustentação* se perde.

As práticas que demandam dedicação de tempo prolongada estão desaparecendo hoje em dia. A verdade também demanda dedicação de tempo prolongada. Quando uma informação segue no encalço de outra, *não temos tempo para a verdade*. Em nossa cultura pós-factual de excitação, os afetos e as emoções dominam a comunicação. Em contraste com a racionalidade, eles são muito inconstantes em termos temporais. Assim, eles desestabilizam a vida. Confiança, promessa e responsabilidade também são práticas que demandam dedicação de tempo prolongada. Elas se estendem além do presente para o futuro. Tudo o que estabiliza a vida humana demanda dedicação de tempo prolongada. Fidelidade, vínculo e compromisso também são práticas que demandam dedicação de tempo prolongada. A desintegração das arquiteturas estabilizadoras de tempo, as quais incluem rituais, torna a vida instável. Para estabilizar a vida, uma *outra política de tempo* é necessária.

Às práticas que demandam dedicação de tempo prolongada também pertence o divagar. A percepção que se prende a informações não tem um *olhar alongado e lento*. Informações nos encurtam a visão e o fôlego. É impossível divagar em informações. A divagação contemplativa junto às coisas, o ver sem intenção, que era uma das fórmulas da felicidade, dá lugar à caça de informações. Hoje nós corremos atrás de informações sem obter nenhum *saber*. Tomamos ciência de tudo sem chegar a nenhum *conhecimento*. Vamos a todos os lugares sem obter nenhuma *experiência*. Nós nos comunicamos ininterruptamente, sem participar de nenhuma *comunidade*. Armazenamos imensas quantidades de dados sem buscar *memórias*. Acumulamos *friends* e *followers* sem toparmos com *outros*. Assim, as informações desenvolvem uma forma de vida sem constância e duração.

A infosfera, sem dúvida, tem um efeito emancipatório. Ela nos liberta mais efetivamente da labuta do trabalho do que da esfera da coisa. A civilização humana pode ser entendida como a *crescente espiritualização da efetividade*. O ser humano transfere sucessivamente suas capacidades espirituais para as coisas, a fim de fazê-las trabalhar em seu lugar. Desta forma, o espírito subjetivo é transformado no espírito objetivo. As coisas como máquinas apresentam um progresso civilizacional na medida em que encerram em si mesmas aquele impulso que, como forma primitiva de espírito, as capacita à automaticidade. Na *Filosofia do Espírito*, Hegel escreve: "Mas o utensílio não tem ainda a atividade mesma nele. Ele é uma coisa *inerte* [...] Eu tenho ainda de trabalhar com ele. Eu introduzi a *astúcia* entre mim e a coisidade exterior – [a fim de] poupar a mim mesmo e [...] de deixar que ele se deprecie pelo uso [...] – mas estou sujeito a calosidades. O fazer-me coisa é ainda um momento necessário. A atividade própria do impulso não está ainda na coisa. Há que se depositar no utensílio também a própria atividade, torná-lo um utensílio de autoatividade"[12].

---

12 HEGEL, G.W.F. *Jenaer Systementwürfe III* – Naturphilosophie und Philosophie des Geistes. Hamburgo, 1987, p. 189s. [tradução em: LIMA, E.C. (2016). As preleções de He-

O utensílio é uma coisa inerte por falta de automaticidade. A pessoa que o maneja faz de si mesma uma coisa, pois sua mão recebe calosidades. Ela se desgasta como uma coisa. Nas máquinas automáticas, a mão não recebe mais calos, mas ainda não a liberam completamente do trabalho. Afinal de contas, somente as máquinas produzem fábricas e trabalhadores.

No próximo passo civilizatório, não apenas o impulso, mas também a inteligência, esta forma superior de espírito, é implantada na coisa. A inteligência artificial transforma as coisas em infômatos. A "astúcia" consiste em o homem fazer as coisas não apenas trabalhar, mas também pensar em seu lugar. Não são as máquinas, mas os infômatos que emancipam a mão do trabalho. A inteligência artificial, entretanto, está além da imaginação de Hegel. Hegel também está muito fixado na ideia de trabalho, de modo que não tem acesso à forma de vida que não fosse trabalho. Para Hegel, *es-*

---

gel sobre a "Filosofia do Espírito" (1805/06): introdução e tradução da segunda parte ("o Espírito Efetivo"). *Revista de Filosofia Moderna e Contemporânea*, 4(1), 156-184, aqui p. 186. https://doi.org/10.26512/rfmc.v4i1.12544].

pírito é trabalho. Espírito é mão. Em seu efeito emancipatório, a digitalização oferece a perspectiva de uma forma de vida que se assemelha a um *jogo*. Ela produz um *desemprego digital* que não está condicionado à conjuntura.

Vilém Flusser resume a nova situação do mundo dominada por informações da seguinte forma: "Não podemos mais nos sustentar nas coisas, e com informações não sabemos como fazê-lo. Tornamo-nos sem sustentação"[13]. Após o ceticismo inicial, Flusser pinta imagens utópicas do futuro. A ausência de sustentação inicialmente temida dá lugar à leveza flutuante do jogo. O ser humano do futuro, desinteressado pelas coisas, não é um trabalhador (*homo faber*), mas um jogador (*homo ludens*). Ele não precisa superar forçosamente as resistências da realidade material por meio do trabalho. Os aparelhos programados por ele assumem o trabalho. Os seres humanos do futuro são sem mãos: "Este novo ser humano que está nascendo ao nosso redor e dentro de nós é na verdade sem mãos. Ele não lida mais

---

13 FLUSSER, V. *Medienkultur*. Frankfurt, 1997, p. 187.

com as coisas, e é por isso que no seu caso não se pode mais falar de ações"[14].

A mão é o órgão de trabalho e de ação. O dedo, por outro lado, é o órgão de escolha. O homem sem mãos do futuro só faz uso de seus dedos. Ele *escolhe* ao invés de *agir*. Ele aperta botões para satisfazer suas necessidades. Sua vida não é um drama que lhe impõe ações, mas um jogo. Ele também não quer ser dono de nada, mas deseja experimentar e desfrutar.

O humano sem mãos do futuro se aproxima do *phono sapiens* que tecla em seu *smartphone*. O *smartphone* é seu *playground*. É tentadora a ideia de que o ser humano do futuro só joga e desfruta, ou seja, está completamente sem "preocupação". Poderá a crescente *gamificação* do mundo da vida, que engloba tanto a comunicação como o trabalho, ser interpretada como prova de que a era da humanidade jogadora já despontou? Devemos dar as boas-vindas aos *phono sapiens* jogadores?[15] O

---

14 FLUSSER, V. *Dinge und Undinge*. Op. cit., p. 84.

15 O termo alemão *spielen* significa tanto brincar como jogar ou tocar um instrumento musical. [N.T]

"último Homem" de Nietzsche já o antecipa: "Ainda se trabalha, pois o trabalho é um entretenimento. [...] A gente tem a sua pequena luxúria pelo dia e a sua pequena luxúria pela noite: mas a gente honra a saúde"[16].

O *phono sapiens*, que só quer vivenciar, desfrutar e brincar, diz adeus a essa liberdade no sentido de Hannah Arendt, que está vinculada à *ação*[17]. Aqueles que *agem* rompem com o existente e trazem algo novo, algo completamente diferente para o mundo. Ao fazer isso, eles devem superar uma *resistência*. O jogo, por outro lado, não intervém na efetividade. Agir é o verbo para a história. A pessoa do futuro que joga e não age encarna o fim da história.

Cada época define a liberdade de forma diferente. Na Antiguidade, liberdade significa ser uma pessoa livre, ou seja, não um escravo. Na era moderna, a liberdade é internalizada como a autonomia do sujeito. É a liberdade

---

16 NIETZSCHE, F. *Also sprach Zarathustra* – Ein Buch für Alle und Keinen. Munique, 1999 [Kritische Ausgabe, vol. 4], p. 20.

17 Vale dizer que o termo aqui vertido por ação é *handeln*, cuja origem remete a *Hand*, mão. [N.T.]

de ação. Hoje, a liberdade de ação degenera em liberdade de escolha e consumo. A pessoa do futuro que não age se rende a uma "liberdade da ponta dos dedos"[18]. "As teclas disponíveis são tão numerosas que minhas pontas dos dedos nunca poderão tocar em todas elas. Tenho, portanto, a impressão de ser completamente livre para escolher"[19]. A liberdade da ponta dos dedos se revela uma ilusão. A livre escolha é, na realidade, uma *escolha consumista*. O homem sem mãos do futuro não tem realmente *outra escolha*, pois ele não *age*. Ele vive na *pós-história*. Ele nem sequer percebe que não tem *mãos*. *Nós*, entretanto, somos capazes de criticar porque ainda temos *mãos* e *podemos agir*. Somente a mão é capaz de *escolha*, da liberdade como ação.

O domínio perfeito é aquele em que todas as pessoas só jogam. Com o ditado *panem et circenses* (pão e circo), Juvenal se refere à sociedade romana na qual não ocorre nenhuma ação política. As pessoas são imobilizadas

---

18 Ibid., p. 87.

19 FLUSSER, V. *Dinge und Undinge*. Op. cit., p. 88.

com comida gratuita e jogos espetaculares. A renda básica e os jogos de computador seriam a versão moderna de *panem et circenses*.

Da posse à vivência

Vivenciar é, em termos abstratos, consumir informação. Hoje queremos *vivenciar* mais do que *possuir*, *ser* mais do que *ter*. O vivenciar é uma forma de ser. Assim, Erich Fromm escreve em *Ter ou Ser*: "Ter se refere às coisas [...]. O ser refere-se a vivências [...]"[20]. A crítica de Fromm de que a sociedade moderna estaria mais orientada para o ter do que para o ser não se aplica exatamente hoje, pois vivemos em uma sociedade de vivência e comunicação que prefere o ser ao ter. A velha máxima do ter não mais se aplica: quanto mais eu *tenho*, mais eu *sou*. A nova máxima da vivência é: quanto mais eu *vivencio*, mais eu *sou*.

Programas de TV como *Bares für Rares* dão testemunho eloquente da mudança de paradigma que está imperceptivelmente

---
20 FROMM, E. *Haben oder Sein*. Stuttgart, 1976, p. 106.

ocorrendo. Sem dor, quase sem sentimentos, nós nos separamos de coisas que antes eram coisas do coração. Significativamente, a maioria dos participantes do programa quer "viajar" em troca do dinheiro que recebe dos "handlers", como se viagens fossem rituais de separação das coisas. As *memórias* armazenadas nas coisas de repente não têm valor. Eles têm que dar lugar a novas *vivências*. Obviamente, as pessoas hoje em dia não são mais capazes de se deterem sobre as coisas ou de reavivá-las em seus fiéis companheiros. As coisas do coração exigem um intenso vínculo libidinoso. Hoje, não queremos nos vincular nem às coisas nem às pessoas. Os *vínculos* são inoportunos. Eles diminuem as possibilidades de vivência, ou seja, a *liberdade no sentido consumista*.

Agora, esperamos vivências até mesmo do consumo das coisas. O teor informativo das coisas, como a imagem de uma marca, está se tornando mais importante do que seu valor utilitário. Percebemos as coisas primariamente em termos das informações que elas contêm. Compramos e consumimos emoções pela aquisição de coisas. Os produtos são carregados de emoções por meio de narrativas. A produção de *informações diferenciadas* que prometem ao consumidor vivências especiais, de fato, a vivência do especial, é decisiva para a criação de valor. As informações estão se tornando cada vez mais importantes do que os aspectos materiais do produto. O conteúdo estético-cultural de um bem é o produto real. A economia da vivência substitui a economia da coisa.

As informações não se deixam possuir tão facilmente quanto as coisas. A posse determina o paradigma da coisa. O mundo da informação não é governado pela posse, mas pelo *acesso*. Os laços com coisas ou lugares são substituídos pelo acesso temporário a redes e plataformas. A *economia de compartilhamento* também enfraquece a identificação com as coisas que constituem *posse*. Possuir é baseado em assentar[21]. A própria necessidade de mobilidade constante torna difícil a identificação com as coisas e os

---

21 Nessa passagem, Han aproxima os termos *sitzen* e *besitzen*, respectivamente, sentar e possuir; daí nossa opção por verter *sitzen* por *assentar* [N.T.].

lugares. As coisas e os lugares também têm cada vez menos influência em nossa formação de identidade. A identidade hoje é produzida, principalmente, por meio de informações. Nós *nos produzimos* nas mídias sociais. A expressão francesa *se produire* significa *colocar-se em cena*. Nós *nos encenamos*. Nós *performamos nossa identidade*.

Para Jeremy Rifkin, a transição da posse para o acesso é uma profunda mudança de paradigma que leva a mudanças drásticas no mundo da vida. Ele prevê até mesmo o surgimento de um novo tipo de ser humano: "Acesso, 'logon', 'access' são os termos-chave da era nascente. [...] Uma concepção alterada da propriedade na vida econômica mudará permanentemente a maneira como as gerações futuras veem a si mesmas e a vida como tal. Muito provavelmente, um mundo caracterizado por relações de 'acesso' produzirá um tipo diferente de pessoas"[22].

---

22 RIFKIN, J. *Access* – Das Verschwinden des Eigentums Frankfurt, 2000, p. 13s.

A pessoa desinteressada pelas coisas, por posses, não se submete à "moral da coisa" baseada no trabalho e na propriedade[23]. Ela quer brincar mais do que trabalhar; vivenciar e desfrutar mais do que possuir. Em sua fase cultural, a economia também mostra traços lúdicos. A encenação e a *performance* estão se tornando cada vez mais significativas. A produção cultural, ou seja, a produção de informações, adapta cada vez mais os processos artísticos. A *criatividade* se torna seu lema.

Na era das não-coisas, pode-se ouvir um som utópico vindo da *posse*. Uma intimidade e interioridade caracterizam a posse. Somente uma relação intensa com as coisas faz delas uma posse. Não se possui *gadgets* eletrônicos. Hoje, os bens de consumo acabam no lixo tão rapidamente porque não os *possuímos* mais. A *posse* é internalizada e carregada de conteúdo psicológico. As coisas em minha posse são um recipiente de sentimentos e memórias. A *história* que se acumula com o uso prolongado as anima em coisas do coração. Mas somente

---

23 FLUSSER, V. *Dinge und Undinge*. Op. cit., p. 82.

coisas discretas podem ser animadas em coisas do coração por meio de um vínculo intenso e libidinoso. Os bens de consumo de hoje são indiscretos, intrusivos e tagarelas. Eles já estão sobrecarregados com ideias e emoções preconcebidas que se impõem ao consumidor. Quase nada da própria vida entra neles.

A posse é, segundo Walter Benjamin, "a relação mais profunda que se pode ter com as coisas"[24]. O colecionador é o dono ideal das coisas. Benjamin eleva o colecionador a uma figura utópica, um salvador vindouro das coisas. Ele faz da "idealização das coisas" sua tarefa. Ele "se compraz em suscitar um mundo não apenas longínquo e extinto, mas, ao mesmo tempo melhor, um mundo em que o homem, na realidade, é tão pouco provido daquilo de que necessita como no mundo real, mas em que as coisas estão liberadas da servidão de serem úteis"[25].

---

24 BENJAMIN, W. *Denkbilder*. Frankfurt, 1972, p. 305-438, aqui p. 396 [Gesammelte Schriften, vol. IV.I].

25 BENJAMIN, W. *Das Passagenwerk*. Frankfurt, 1982, p. 53 [Gesammelte Schriften, vol. V] [trad. pt., p. 59].

Nesse futuro utópico, o homem faz um uso completamente diferente das coisas que já não são mais destinadas ao *consumo*. O colecionador como salvador das coisas se entrega à tarefa de Sísifo "de retirar das coisas, já que as possui, seu caráter de mercadoria"[26]. O colecionador de Benjamin está menos interessado na utilidade e no valor de uso das coisas do que em sua história e fisionomia. A idade, a paisagem, o artesanato e o dono de onde vêm se cristalizam em suas mãos em uma "enciclopédia mágica cujo epítome é o destino de seu objeto"[27]. O verdadeiro colecionador é a contra-figura do consumidor. Ele é um intérprete do destino, um fisionomista do mundo das coisas: "Assim que ele as segura [coisas] em suas mãos, parece inspirado a olhar através delas à distância"[28].

Benjamin cita o conhecido ditado latino: *Habent sua fata libelli* (Os livros têm seus destinos). De acordo com sua leitura, o livro tem

---

[26] Ibid.

[27] BENJAMIN, W. *Denkbilder*. Op. cit., p. 389.

[28] Ibid.

um destino na medida em que é uma coisa, uma posse. Ele traz vestígios materiais que lhe confere uma história. Um *e-book* não é uma *coisa*, mas uma *informação*. Mesmo que se o tenha, não é uma *posse*, mas um *acesso*. Com o *e-book*, o livro é reduzido ao seu valor informativo. É sem idade, sem lugar, sem artesanato e sem dono. Falta-lhe completamente a distância de aura a partir da qual um destino individual nos falaria. O destino não se enquadra na ordem digital. Informações não têm nem fisionomia nem destino. Tampouco permitem um vínculo intenso. Assim, não há um exemplar *de mão* do *e-book*. É a *mão* do dono que dá ao livro uma cara inconfundível, uma fisionomia. Os *e-books* não têm rosto e não têm história. Eles são lidos sem o uso das *mãos*. O *tato*, que é constitutivo de todo *relacionamento*, é inerente ao *folhear* das páginas. Sem contato físico, não se formam vínculos.

Nosso futuro, provavelmente, não corresponderá à utopia de Benjamin, na qual as coisas são liberadas de seu caráter de mercadoria. *A era das coisas* acabou. Programas de TV como *Bares für Rares* mostram que hoje até mesmo as coisas do coração são impiedosamente transformadas em mercadoria. O capitalismo da informação é uma forma acentuada de capitalismo. Em contraste com o capitalismo industrial, ele também transforma o imaterial em mercadoria. A própria vida se torna *commodity*. Relações humanas inteiras são mercadorias. As mídias sociais exploram completamente a comunicação. Plataformas como a Airbnb comercializam a hospitalidade. O capitalismo da informação conquista cada canto de nossas vidas, de fato, nossas almas. As afeições humanas são substituídas por classificações ou gostos. Os amigos são, acima de tudo, contados. A própria cultura é completamente transformada em mercadoria. Mesmo a história de um lugar é retalhada como uma fonte de valor agregado por meio da narração de histórias. Os produtos são enriquecidos com microcontos. A diferença entre cultura e comércio está desaparecendo a olhos vistos. Os sítios culturais estão se estabelecendo como marcas rentáveis.

A cultura tem sua origem na comunidade. Ela transmite valores simbólicos que compõem uma comunidade. Quanto mais a cultura se torna uma mercadoria, mais ela se afasta de sua origem. A comercialização total e a mercantilização da cultura resultam na destruição da comunidade. A "comunidade" frequentemente invocada nas plataformas digitais é uma forma de comunidade *comoditizada*. A comunidade como mercadoria é o seu fim.

Smartphone

No início de sua história, o telefone se cercou da aura de um poder fatídico. Seu toque era como um comando a que nos rendíamos. Em *Berliner Kindheit um Neunzehnhundert*, Benjamin descreve como, quando criança, ele se encontrava desamparado entregue à força assustadora do aparelho: "Naqueles dias, o telefone ficava pendurado, sem lugar próprio e proscrito entre o cesto para a roupa suja e o gasômetro em um canto do corredor dos fundos, de onde seu toque só fazia aumentar o pavor no lar de Berlim. Quando eu, então, quase a ponto de perder os sentidos, chegava a ele para acabar com o barulho, depois de tatear longamente pelo tubo escuro, puxava os dois auscultadores, que pesavam como alteres, e colocava a cabeça entre eles, ficava impiedosamente entregue à voz que dali falava. Não havia nada que amenizasse a força assustadora com a qual me atormentava. Eu sofria impotentemente, pois ele me roubava a noção de tempo e dever e intento, tornando nula minha própria deliberação, e assim como o médium que segue a voz que do além se apodera da sua, eu me rendia à primeira proposta melhor que me chegasse pelo telefone"[29].

O meio é a mensagem. O telefone tocando no corredor escuro, cujos auscultadores têm o peso de halteres, prefigura a mensagem e lhe empresta algo assustador. Assim, os sons das primeiras conversas telefônicas são "ruídos noturnos". O telefone celular que carregamos hoje em nossos bolsos não tem o *peso do destino*. É prático e leve. Nós o temos sob controle na palma da mão, em sentido literal. O destino é aquele poder estranho que nos *imobiliza*. A mensagem como a *voz do destino* também nos dá pouca liberdade. A própria *mobilidade* do *smartphone* nos dá uma sensação de liberdade. Seu toque não assusta ninguém. Nada

---

[29] BENJAMIN, W. *Berliner Kindheit um Neunzehnhundert*. Frankfurt, 1972, p. 235-304, aqui, p. 243 [Gesammelte Schriften, vol. IV.I].

sobre o telefone celular nos força a uma passividade desamparada. Ninguém está entregue à *voz do outro*.

O constante digitar e deslizar no *smartphone* é um gesto quase litúrgico que influencia massivamente a relação com o mundo. Deslizo para fora rapidamente as informações que não me interessam. Contrariamente, dou *zoom* com os dedos nos conteúdos que me agradam. Tenho o mundo todo na palma da mão. O mundo tem de se adaptar totalmente a mim. Assim, o *smartphone* reforça o autocentramento. Digitando, submeto o mundo às minhas necessidades. O mundo aparece para mim no brilho digital da disponibilidade total.

O sentido do tato, segundo Roland Barthes, "é o mais desmistificador de todos, em contraste com o sentido da visão, que é o mais mágico"[30]. O belo, no sentido enfático, é intocável. Ela impõe distância. Diante do sublime, recuamos em reverência. Nós juntamos as mãos em oração. O sentido do tato é destruidor da distância. Ele não é capaz de se espan-

---

30 BARTHES, R. *Mythen des Alltags*. Frankfurt, 2010, p. 198.

tar. Ele desmistifica, desauratiza e profana sua contraparte. O *touch screen* subsume a negatividade do outro, do indisponível. Ele generaliza a coerção táctil para tornar tudo disponível. Na era do *smartphone*, até mesmo o sentido da visão se submete à coerção táctil e perde sua faceta mágica. Ela perde seu senso de espanto.

A visão destruidora e consumidora da distância aproxima-se do sentido do tato e dessacraliza o mundo. A ele o mundo só aparece em sua disponibilidade. O dedo que digita torna tudo consumível. O dedo indicador que pede mercadorias ou alimentos transfere forçosamente seu hábito consumista para outras áreas. Tudo em que ele toca se transforma em mercadoria. No Tinder, ele degrada a outra pessoa a um objeto sexual. Despojado de sua alteridade, o outro também se torna consumível.

Na comunicação digital, o outro está cada vez menos presente. Com o *smartphone*, nós nos retiramos em uma bolha que nos blinda do outro. Na comunicação digital, a saudação é frequentemente omitida. A outra pessoa não é expressamente chamada. Preferimos escrever mensagens de texto a telefonar, porque por escrito estamos menos entregues ao outro. Desta forma, o outro desaparece como voz.

A comunicação via *smartphone* é uma comunicação desencarnada e sem visão. A comunidade tem uma dimensão física. Já por causa da falta de fisicalidade, a comunicação digital enfraquece a comunidade. O olhar também solidifica a comunidade. A digitalização faz o outro desaparecer como mirada. A ausência do olhar é corresponsável pela perda de empatia na era digital. Até mesmo uma criança pequena é privada do olhar porque seu cuidador fixa o olhar no *smartphone*. É no olhar da mãe que a criança encontra apoio, autoafirmação e comunidade. O olhar constrói a confiança fundamental. A falta do olhar leva a uma relação perturbada consigo mesmo e com os outros.

O *smartphone* difere do telefone celular convencional por não ser apenas um telefone, mas antes de tudo um meio de imagem e informação. O mundo só se torna totalmente disponível e consumível no momento em que é objetivado como imagem: "A imagem quer aqui dizer [...] aquilo que surge na expressão coloquial: temos a imagem de algo.

[...] Fazer-se a imagem de algo quer dizer *pôr* o ente mesmo, no modo como está no seu estado, diante de si, e, enquanto *posto* desta forma, tê-lo constantemente diante de si"[31]. O *smartphone* põe o mundo, ou seja, se torna consciente dele, produzindo-o como imagens. A câmera e a tela se tornaram, portanto, elementos centrais do *smartphone* porque forçam a conversão do mundo em imagem. As imagens digitais transformam o mundo em informação disponível. O *smartphone* é um "*Ge-Stell*" no sentido heideggeriano, que, como essência da tecnologia, une todas as formas do pôr, tais como pedir, imaginar ou produzir[32]. O próximo passo civilizatório vai além da conversão do mundo em imagem. Ele consiste em produzir o mundo *a partir de imagens*, ou seja, uma *realidade hiperreal*.

---

31 HEIDEGGER, M. *Holzwege*. Frankfurt, 1950, p. 82, destaques de B.-C. Han. [Na trad. bras., *Caminhos da floresta*, p. 112].

32 Aqui Han menciona os termos *Bestellen, Vorstellen* e *Herstellen*. Todos eles têm em comum o radical *stellen*. Não foi possível verter todos os termos relacionando-os diretamente ao sentido original de *stellen* como *pôr* (em movimento) [N.T.].

O mundo consiste em coisas como objetos. A palavra "objeto" remonta ao verbo *obicere* em latim, que significa opor-se, atirar contra ou objetar. Ele tem a negatividade inerente da resistência. O objeto é originalmente algo que se dirige contra mim, que se opõe e resiste a mim. Os objetos digitais não têm a negatividade do *obicere*. Eu não os sinto como resistência. O *smartphone* é *smart* porque tira o caráter de resistência da realidade. Mesmo sua superfície lisa transmite uma sensação de ausência de resistência. Em seu *touchscreen* liso, tudo parece dócil e agradável. Com um clique ou um toque do dedo, tudo está acessível e disponível. Com sua superfície lisa ele funciona como um *cristal de cura digital* que nos arranca permanentemente um *curtir*. Os meios digitais superam efetivamente a resistência espaço-temporal. Mas é precisamente a *negatividade da resistência* que é constitutiva da *experiência*. A falta de resistência digital, o ambiente *smart* leva a uma pobreza de mundo e experiência.

O *smartphone* é o principal infômato de nosso tempo. Ele não apenas torna muitas coisas supérfluas, mas descoisifica o mundo ao reduzi-lo a informações. Mesmo a coisa material no *smartphone* fica em segundo plano em relação às informações. Ela não é propriamente percebida. Os *smartphones* quase não se diferenciam entre si em sua aparência. Nós olhamos *através dele* para a infosfera. Um relógio analógico também nos fornece informações relativas ao tempo, mas ele não é um infômato e sim uma coisa, um *adorno*. A coisa material é um componente central nele.

A sociedade dominada por informações e infômatos é *sem adornos*. Adorno significa originalmente *vestimenta suntuosa*. Não-coisas são *nuas*. Característico das coisas é o *decorativo*, o *ornamental*. Com isso, a vida insiste no fato de que ela é mais do que funcionar. No barroco, o ornamental é um *teatrum dei*, um espetáculo para os deuses. Nós expulsamos o divino da vida quando o submetemos inteiramente a funções e informações. O *smartphone* é um símbolo do nosso tempo. Nada nele é *floreado*. O *liso* e o *reto* o dominam. Mesmo a comunicação realizada com ela carece da *magia das belas formas*. A *linha reta*, que é mais bem expressa por meio dos *afetos*, prevalece nele. O *smartphone* também exacerba a hipercomunicação, que nivela, aplaina e, por fim, faz com que tudo se torne igual. Vivemos em uma "sociedade de singularidades", mas paradoxalmente, o singular, o incomparável, dificilmente aparece nela.

Hoje, empunhamos nosso *smartphone* em todos os lugares e delegamos nossa percepção ao dispositivo. Percebemos a realidade através da tela. A janela digital dilui a realidade em informações que então *registramos*. Não há *contato físico* com a realidade. Ela é despojada de sua *presença*. Não percebemos mais as *vibrações materiais* da realidade. A percepção é desincorporada. O *smartphone* tira a realidade do mundo.

As coisas não nos espionam. É por isso que temos *confiança* nelas. O *smartphone*, por outro lado, não é apenas um infômato, mas um informante muito eficiente que monitora permanentemente seu usuário. Aqueles que estão familiarizados com sua vida pessoal algorítmica sentem-se justamente perseguidos por ele. Somos controlados e programados por ele. Não somos nós que usamos o *smartphone*, mas o *smartphone* que nos usa. O verdadeiro ator é o *smartphone*. Estamos à mercê deste informante digital, por trás de cuja superfície diferentes atores nos dirigem e nos distraem.

O *smartphone* não tem apenas aspectos emancipatórios. A acessibilidade constante não é fundamentalmente diferente da servidão. O *smartphone* acaba se tornando um campo de trabalho móvel no qual nós mesmos nos aprisionamos voluntariamente. O *smartphone* também é um *pornophone*. Nós nos expomos voluntariamente. Dessa forma, funciona como um confessionário móvel. Ele continua o "domínio sacral do confessionário"[33] de uma forma diferente.

Cada dominação tem seus próprios objetos devocionais. O teólogo Ernst Troeltsch fala dos "objetos devocionais que capturam a imaginação popular"[34]. Eles estabilizam a domi-

---

33 TROELTSCH, E. Epochen und Typen der Sozialphilosophie des Christentums. In: BARON, H. (org.). *Gesammelte Schriften*. Vol. 4: Aufsätze zur Geistesgeschichte und Religionssoziologie. Tübingen, 1925, p. 122-155, aqui p. 134.

34 TROELTSCH, E. Epochen und Typen der Sozialphilosophie des Christentums. Op. cit., p. 135.

nação, habituando-a e ancorando-a no corpo. Devoto significa submisso. O *smartphone* se estabelece como o objeto devocional do regime neoliberal.

Como um aparelho de submissão, ele se assemelha ao rosário, que é tão móvel e prático quanto o *gadget* digital. O *like* é como o amém digital. Enquanto clicamos no botão *like*, submetemo-nos ao contexto de dominação.

Plataformas como Facebook ou Google são novos suseranos. Lavramos incansavelmente suas terras e produzimos dados preciosos, que eles depois devoram. Sentimo-nos livres mesmo sendo completamente explorados, monitorados e controlados. Em um sistema que explora a liberdade, não se forma resistência. A dominação se completa no momento em que coincide com a liberdade.

No final de seu livro *A Era do Capitalismo de Vigilância*, Shoshana Zuboff invoca a resistência coletiva, referindo-se à queda do Muro de Berlim: "O Muro de Berlim caiu por muitas razões, mas principalmente porque o povo de Berlim Oriental disse para si mesmo: 'Basta!' [...] Já chega! Tomemos isto como *nossa* declaração"[35]. O sistema comunista que *suprime* a liberdade é fundamentalmente diferente do capitalismo de vigilância neoliberal que *explora* a liberdade. Estamos muito atordoados com a droga digital, com o frenesi da comunicação, de modo que nenhum "Basta!", nenhuma voz de resistência se levanta. O romantismo revolucionário está fora de lugar aqui. Com seu *truísmo* "Protect Me From What I Want", a artista conceitual Jenny Holzer falou uma verdade que parece ter escapado de Shoshana Zuboff.

O próprio regime neoliberal é *smart*. O poder *smart* não funciona com mandamentos e proibições. Ele não nos torna obedientes, mas dependentes e viciados. Em vez de quebrar nossa vontade, ele atende às nossas necessidades. Ele quer nos agradar. É permissivo e não repressivo. Ele não nos impõe o silêncio. Antes, somos constantemente incentivados e convidados a compartilhar e comunicar nossas opiniões, preferências, necessidades e desejos, a narrar nossa vida.

---

[35] ZUBOFF, S. *Das Zeitalter des Überwachungskapitalismus*. Frankfurt, 2018, p. 599.

Ele torna sua intenção de dominação invisível ao se achegar de mansinho como bastante amigável, apenas *smart*. O sujeito subjugado nem sequer está ciente de sua subjugação. Ele se sente livre. O capitalismo se aperfeiçoa no capitalismo do "curti". Devido a sua permissividade, não precisa temer nenhuma resistência, nenhuma revolução.

Dada nossa relação quase simbiótica com o *smartphone*, assume-se agora que ele representa um objeto de transição. O psicanalista Donald Winnicott chama de objeto de transição aquelas coisas que tornam possível uma transição segura para a realidade para a criança pequena. É somente por meio de objetos de transição que o bebê cria um espaço lúdico, um "espaço intermediário"[36], no qual ele "relaxa como se estivesse em um lugar de descanso seguro e não-contencioso"[37]. Os objetos de transição constroem uma ponte para a realidade, para o outro, que escapa de sua

---

36 WINNICOTT, D. *Vom Spiel zur Kreativität*. Stuttgart, 1975, p. 11.

37 HABERMAS, T. *Geliebte Objekte* – Symbole und Instrumente der Identitätsbildung. Berlim/Nova York, 1996, p. 325.

fantasia infantil de onipotência. Desde cedo, as crianças procuram objetos como a cauda de um cobertor ou de um travesseiro para colocar na boca ou para se acariciar. Mais tarde, eles se apropriam de um objeto inteiro como uma boneca ou um bichinho de pelúcia. Os objetos de transição cumprem uma função vital. Eles dão à criança uma sensação de segurança. Eles tiram o medo de ficar sozinho. Eles criam confiança e abrigo. Graças aos objetos de transição, a criança cresce lentamente no mundo. Eles são as *primeiras coisas do mundo* que estabilizam a vida da primeira infância.

A criança estabelece uma relação muito intensa e íntima com seu objeto de transição. O objeto de transição não deve ser trocado nem lavado. Nada pode interromper a experiência de proximidade. A criança fica completamente apavorada se seu objeto predileto se perde. O objeto de transição é sua posse, mas tem uma certa vida própria. Ele se apresenta à criança como uma contraparte independente e pessoal. Os objetos transitórios abrem um espaço de *diálogo* no qual a criança se encontra com o *outro*.

Entramos em pânico total quando perdemos nosso *smartphone*. Temos, também, uma relação íntima com ele. Por isso, não gostamos de entregá-lo em outras mãos. Então, ele pode ser visto como um objeto de transição, um ursinho de pelúcia digital? O próprio fato de o *smartphone* ser um objeto narcisista contradiz isso. O objeto de transição encarna o *outro*. A criança fala e se aninha com ele como se fosse outra pessoa. Mas ninguém se aconchega com o *smartphone*. Ninguém o percebe especificamente como uma contraparte. Ao contrário do objeto de transição, não é uma coisa do coração que é insubstituível. Afinal de contas, compramos regularmente um novo *smartphone*.

Brincar com o objeto de transição tem uma analogia com atividades criativas posteriores, como a arte. Isso abre um espaço lúdico livre. A criança sonha em si mesma no objeto de transição. Ela dá asas às suas fantasias. O objeto de transição é simbolicamente carregado pela criança. Ele se condensa em um receptáculo de seus sonhos. O *smartphone*, por outro lado, que nos inunda de estímulos, suprime a imaginação. Os objetos de transição são de *baixo estímulo*. Portanto, elas intensificam e estruturam a atenção. A sobrecarga sensorial que emana do *smartphone* fragmenta a atenção. Ele desestabiliza a psique, enquanto o objeto de transição tem um efeito estabilizador sobre ela.

Os objetos de transição fomentam uma *relação com o outro*. Com o *smartphone*, por outro lado, temos uma relação narcisista. Ele tem muitas semelhanças com os chamados "objetos autistas". Também podemos chamá-los de objetos narcisistas. Os objetos de transição são *macios*. A criança se aconchega a eles. Ao fazer isso, ela não sente a si mesma, mas o outro. Os objetos autistas são *duros*: "A dureza do objeto permite que a criança, por meio de manipulação e pressão, sinta menos o objeto do que ela própria"[38]. Os objetos autistas carecem da *dimensão do outro*. Eles também não estimulam a imaginação. O manuseio deles é repetitivo e não criativo. O *repetitivo*, o *compulsivo* também caracteriza a relação com o *smartphone*.

---

38 Ibid., p. 336.

Os objetos autistas, como objetos de transição, são um substituto para a pessoa de referência ausente, mas eles a transformam em um *objeto*. Eles tiram sua *alteridade*: "Com objetos autistas, demos o exemplo extremo de objetos que tomam o lugar das pessoas, servindo de fato precisamente para escapar do imponderável e das separações sempre possíveis que as relações com pessoas que agem de forma autônoma inevitavelmente implicam, e ainda mais radicalmente, para não perceber as outras pessoas como tais"[39]. A semelhança entre o *smartphone* e os objetos autísticos é inconfundível. Ao contrário do objeto de transição, o *smartphone* é duro. O *smartphone* não é um ursinho de pelúcia digital. Ao contrário, é um objeto narcisista, autista, no qual a pessoa *se sente* principalmente *a si mesma*. Como resultado, ele também destrói a empatia. Com o *smartphone*, nós nos retiramos para uma esfera narcisista que é protegida dos *imponderáveis do outro*. Ele torna o outro *disponível*, objetivando-o. Transforma *Você* em *Isso*. O *de-*

---

39 Ibid., p. 337.

saparecimento do outro é precisamente a razão ontológica pela qual o *smartphone* nos torna solitários. Hoje, comunicamo-nos de forma tão compulsiva e excessiva precisamente porque estamos sozinhos e sentimos um vazio. Mas esta hipercomunicação não é satisfatória. Ela só aprofunda a solidão porque falta a *presença do outro*.

Selfies

A foto analógica é uma coisa. Não raro, nós a guardamos cuidadosamente como uma coisa do coração. Sua frágil materialidade a expõe ao envelhecimento, à degradação. Ela nasce e padece a morte: "[...] como um organismo vivo, nasce da germinação de grãos de prata, floresce por um momento, para logo envelhecer. Atacada pela luz e pela umidade, ela se desvanece, desgasta-se e desaparece [...]"[40]. A fotografia analógica também corporifica a transitoriedade no nível do referente. O objeto fotografado se afasta inexoravelmente para o passado. A fotografia enluta.

Um drama de morte e ressurreição domina a teoria da fotografia de Barthes, que pode ser lida como um elogio da fotografia analógica. Como uma coisa frágil, a fotografia está

---
40 BARTHES, R. *Die helle Kammer*. Frankfurt, 1985, p. 104.

realmente condenada à morte, mas ela é, ao mesmo tempo, um meio de ressurreição. Ela captura os raios de luz que emanam de seu referente e os registra em grãos de prata. Ela não se limita a recordar os mortos. Ao contrário, ela torna possível uma experiência de presença, ao torná-la novamente viva. É um "ectoplasma", uma "emanação mágica do referente"[41], uma misteriosa alquimia da imortalidade: [...] o corpo amado torna-se imortal por meio da mediação de um metal precioso, a prata [...] e se poderia acrescentar que este metal, como todos os metais da ALQUIMIA, é vivo"[42]. A fotografia é o cordão umbilical que liga o corpo amado ao espectador além da morte. Ela o ajuda a renascer, redime-o da decadência da morte. Assim, a fotografia "tem algo a ver com a ressurreição"[43].

O livro *A câmara clara* tem por base o luto excessivo. Barthes roga à sua falecida mãe. Em referência a uma fotografia de sua mãe

---

41 Ibid., p. 90.

42 Ibid., p. 91.

43 Ibid., p. 92.

que não é reproduzida no livro (ela se destaca por sua ausência), ele escreve: "Assim também a FOTOGRAFIA do jardim de inverno, por mais desbotada que seja, é para mim a rica fonte daqueles raios que emanavam de minha mãe quando ela era criança – de seu cabelo, sua pele, seu vestido, seu olhar, então, naquele dia"[44]. A FOTOGRAFIA Barthes escreve em letras maiúsculas como se fosse uma fórmula de redenção, mesmo um xibolete para a ressurreição.

A experiência da fragilidade da vida humana, que é intensificada pela fotografia, leva a uma necessidade de redenção. Assim, Agamben também conecta a fotografia com a ideia de ressurreição. A fotografia é uma "profecia do corpo glorioso"[45]. Do sujeito fotografado emana uma "saudação muda", uma "reivindicação de redenção"[46]: "O sujeito fotografado exige algo de nós. [...] Mesmo que a pessoa fotografada fosse hoje completamente

---

44 Ibid.
45 AGAMBEN, G. *Profanierungen*. Frankfurt, 2005, p. 22.
46 Ibid., p. 21.

esquecida, e mesmo que seu nome fosse apagado para sempre da memória das pessoas – assim, apesar disso, na verdade precisamente por causa disso, essa pessoa [...] exige que não seja esquecida"[47]. O anjo da fotografia sempre renova a promessa de uma ressurreição. Ele é um anjo de memória e redenção. Ele nos eleva acima da fragilidade da vida.

A fotografia analógica transfere os traços de luz que emanam do objeto através do negativo para o papel. Por sua própria essência, ela é uma imagem de luz. Na câmara escura, a luz nasce de novo. É, portanto, uma câmara clara. O meio digital, por outro lado, transforma os raios de luz em dados, ou seja, em proporções numéricas. Os dados são sem luz. Eles não são claros nem escuros. Eles interrompem a luz da vida. O meio digital rompe a relação mágica que conecta o objeto à fotografia através da luz. O analógico significa semelhante. A química tem uma relação análoga com a luz. Os raios de luz que emanam do objeto são preservados em grãos de prata. Por outro lado, não

---

47 Ibid., p. 20.

há nenhuma semelhança, nenhuma analogia entre luz e números. O meio digital traduz luz em dados. A luz é perdida no processo. Na fotografia digital, a alquimia dá lugar à matemática. Ela desencanta a fotografia.

A fotografia analógica é uma "autenticação de presença"[48]. Ela dá testemunho de que "foi-assim"[49]. Ela é apaixonada pela realidade: "O que me interessa em uma fotografia é tão somente que ela me mostra algo que existe, que eu vejo nela nada mais e nada menos do que "isso existe"[50]. Se o "foi-assim" for a verdade da fotografia, então a fotografia digital é uma pura ilusão. A fotografia digital não é uma emanação, mas a eliminação do referente. Ela não tem nenhuma ligação intensiva, intrínseca, libidinal com o objeto. Ela não se aprofunda, não se apaixona pelo objeto. Não o evoca, não tem um diálogo com ele. Não se baseia em um encontro único, ímpar e inapelável com o

---

48 BARTHES, R. *Die helle Kammer*. Op. cit., p. 97.

49 Ibid., p. 90.

50 WENDERS, W. *Landschaften Photographien*. Düsseldorf, 2015, p. 229.

objeto. A própria visão é delegada ao aparelho. A possibilidade de pós-processamento digital enfraquece a ligação com o referente. Ela torna impossível a devoção à realidade. Dissociada da referência, a fotografia se torna autorreferencial. A inteligência artificial gera uma nova realidade ampliada que não existe, uma hiper-realidade que não tem mais correspondência com a realidade, com o verdadeiro referente. A fotografia digital é hiper-real.

A fotografia analógica como um meio de recordação conta uma história, um destino. Um horizonte romancista a envolve: "A data faz parte da fotografia [...] porque nos faz pensar na vida, na morte, no inevitável desaparecimento de gerações: é possível que Ernest, o pequeno aluno que Kertész fotografou em 1931, ainda esteja vivo hoje (mas onde? como? que história!)"[51]. A fotografia digital não é romancista, mas episódica. O *smartphone* cria uma fotografia com uma temporalidade completamente diferente, uma fotografia sem profundidade temporal, sem expansão romancis-

---

51 BARTHES, R. *Die helle Kammer*. Op. cit., p. 93ss.

ta, uma fotografia sem destino e memória, ou seja, uma fotografia momentânea.

Walter Benjamin ressalta que na fotografia o valor da exposição suplanta cada vez mais o valor do culto. Mas o valor de culto não se retira da fotografia sem resistência. A "face humana" é sua última trincheira. Assim, o retrato ocupa posição central no início da fotografia. O valor do culto continua vivo no "culto da memória do distante ou dos entes queridos mortos". A "expressão fugaz de um rosto humano" cria aquela aura que dá à fotografia uma "beleza melancólica que não pode ser comparada a nada"[52].

Na forma de *selfies*, o rosto humano conquista novamente a fotografia. A *selfie* o transforma em uma face. Plataformas digitais como o Facebook a exibem. Em contraste com o retrato analógico, a fotografia é carregada até o ponto de explosão com valor de exposição. O valor do culto ao rosto humano desaparece completamente. A *selfie* é o rosto exposto sem

---

52 BENJAMIN, W. *Das Kunstwerk im Zeitalter seiner technischen Reproduzierbarkeit*. Frankfurt, 1989, 350-384, aqui p. 360 [Gesammelte Schriften, VII.I].

aura. Falta-lhe aquela beleza "melancólica". Esse tipo de registro se caracteriza por uma alegria digital.

O narcisismo por si só não capta a essência das *selfies*. O que há de novo sobre a *selfie* diz respeito a seu *status* de ser. A *selfie* não é uma coisa, mas uma informação, uma não-coisa. O mesmo se aplica à fotografia: as não-coisas deslocam as coisas. O *smartphone* faz desaparecer as coisas fotográficas. *Selfies* como informações só valem dentro da comunicação digital. A memória, o destino e a história também desaparecem.

A FOTOGRAFIA da mãe de Barthes é uma coisa, de fato uma coisa do coração. Ela é a pura expressão de sua pessoa. Ela é a mãe. Nela, a mãe está presente como uma coisa material. Ela corporifica sua presença. Como uma coisa do coração, ela permanece completamente afastada da comunicação. A exposição a destruiria. É precisamente por isso que Barthes não a mostra em seu livro, embora ele fale sobre ela incessantemente. O segredo é sua essência. *Arcanum* refere-se à caixa (arca). A FOTOGRAFIA de Barthes é guardada como um segredo na caixa, como uma traquinagem. Ela perde toda sua magia no momento em que é mostrada aos outros. Seu possuidor a mantém apenas para si. Esse para-si é alheio à essência das *selfies* e das fotos digitais. Elas são uma comunicação visual, uma informação. Tirar *selfies* é um ato comunicativo. Assim, elas precisam ser expostas ao olhar dos outros, serem compartilhadas. Sua essência é a exposição, enquanto o segredo caracteriza a FOTOGRAFIA.

As *selfies* não são tiradas para serem guardadas. Elas não são um meio de recordação. Não se faz cópia delas. Como toda informação, elas são ligadas à atualidade. Repetições não fazem sentido. As *selfies* só são registradas uma vez. Depois disso, seu *status* de ser é como o de uma mensagem interceptada em uma secretária eletrônica. A comunicação digital da imagem as relega ao *status* de pura informação. O mensageiro Snapchat, que apaga as fotos após alguns segundos, faz justiça à sua essência. Elas têm a mesma temporalidade das mensagens orais. Outras fotos que tiramos com nossos *smartphones* também são tratadas como informações. Elas não têm mais nada de material. Seu *status* de ser é fundamentalmente diferente do de fotografias analógicas. Estas são mais monumentos semelhantes a coisas do que registros momentâneos semelhantes a não-coisas. O mensageiro Snapchat aperfeiçoa a comunicação instantânea digital. Ela corporifica o tempo digital em sua forma mais pura. Somente o momento conta. Seu "*story*" também não é uma história no verdadeiro sentido da palavra. Não é uma narrativa, mas um aditivo. Ele se esgota em uma sequência de registros momentâneos. O tempo digital se desintegra em uma mera sequência de presenças pontuais. Falta-lhe qualquer continuidade narrativa. Assim, ela torna a própria vida fugaz. Os objetos digitais não permitem que nos demoremos. É assim que eles diferem das coisas.

As *selfies* se caracterizam por sua ludicidade. A comunicação digital tem características lúdicas. Os *phono sapiens* estão descobrindo a comunicação como seu *playground*. Ele é mais *homo ludens* do que *homo faber*. A comunicação por imagem através da fotografia digital é muito mais adequada para brincar e agir do que a comunicação puramente escrita.

Uma vez que as *selfies* são principalmente mensagens, elas tendem a ser tagarelas. Assim, as poses extremas também predominam. Não existe uma *selfie* silenciosa. Os retratos analógicos, por outro lado, geralmente são silenciosos. Eles não clamam por atenção. É precisamente este silêncio que lhes confere um poder expressivo. *Selfies* são barulhentas, mas carecem de expressão. Devido ao desenho a descoberto, elas aparecem como uma máscara. A invasão da comunicação da imagem digital no rosto humano tem consequências. Isso a converte em uma mercadoria. Benjamin diria que ele finalmente perde sua aura.

Os retratos analógicos são uma espécie de natureza morta. Eles têm que expressar a pessoa. Em frente à câmera, nós nos esforçamos bastante para fazer a imagem condizer conosco, aproximar-se da nossa imagem interior, de nós mesmos, torná-la tangível. Fazemos uma pausa. Nós nos voltamos para dentro. Portanto, os retratos analógicos muitas vezes parecem sérios. As poses também são discretas. As *selfies*, por outro lado, não são um testemunho da pessoa. Expressões faciais padronizadas como "cara de pato" não permitem nem mesmo a expressão da pessoa. Com a língua espetada e um olho cerrado, todos têm a mesma aparência. Nós produzimos a nós mesmos, ou seja, nos encenamos em diferentes poses e papéis.

A *selfie* anuncia o desaparecimento da pessoa impregnada de destino e história. Ela expressa a forma de vida que se rende ao momento de forma lúdica. *Selfies* não enlutam. A morte e a transitoriedade são fundamentalmente estranhas a elas. Tais *selfies* funerais remetem à ausência de luto. Estas são *selfies* tomadas em funerais. Ao lado dos caixões, as pessoas sorriem alegremente para a câmera. Lança-se um "eu-sou sorridente" de desobediência à morte. Mas poderíamos chamar isso de "trabalho de luto digital".

Inteligência artificial

Em um nível mais profundo, o pensamento é um processo decididamente *analógico*. Antes de compreender o mundo em conceitos, ele é *comovido* pelo mundo, *afetado* mesmo por ele. O *afetivo* é essencial para o pensamento humano. *A primeira imagem mental é o arrepio da pele*. A inteligência artificial não pode pensar porque não se arrepia. Falta-lhe a dimensão afetivo-analógica, a comoção, que não pode ser captada por dados e informações.

O pensamento parte de uma *totalidade* que se antepõe a conceitos, representações e informações. Ele já se move em um "*campo de experiência*"[53], *antes* de se voltar especificamente para os objetos e fatos que ocorrem nele. O ente em sua totalidade, ao qual se apli-

---

53 DREYFUS, H.L. *Die Grenzen künstliche Intelligenz* – Was Computer nicht können. Königstein, 1985, p. 226.

ca o pensamento, é aberto primeiramente em um meio *afetivo* como a tonalidade afetiva [*Stimmung*][54]: "A tonalidade afetiva abriu já a cada vez o 'ser-no-mundo' como um todo e torna possível pela primeira vez um direcionar-se para..."[55]. Antes de o pensamento se direcionar a algo, ele já *se encontra* em uma tonalidade afetiva fundamental. Esse *encon-*

---

54 Literalmente, o termo *Stimmung* significa humor, no sentido de estado de ânimo ou temperamento. Por conta disso, ele guarda relação com um campo semântico ligado à harmonia e à harmonização, o que inclui o sentido musical do termo. Assim, *stimmen* significa sintonizar, afinar, no sentido musical; *Stimmung* seria, então, o temperamento, também no sentido musical (ou seja, o ajuste entre tons e semitons que permitiram a consolidação do sistema tonal). Tonalidade é, também, um termo do campo musical que remete à harmonia entre os sons e ao temperamento dos intervalos sonoros. Como metáfora sonora, também nos aproxima da voz (*Stimme*, em alemão). *Stimmung* é um termo caro a Heidegger, de difícil tradução por conta das camadas de sentido sobrepostas. A escolha do termo "tonalidade afetiva", em geral usado por tradutores das obras de Heidegger, permite recuperar esse sentido original do termo, ainda que não seja exato. O acréscimo de "afetiva" visa deixar claro ao leitor que não se trata de algo do campo conceitual. Nesse capítulo, Han faz várias aproximações a partir da raiz *stimm* como humor e voz (e fala – *sprechen*), o que só se pode recuperar tendo em vista o sentido musical amplo de tonalidade [N.T.].

55 HEIDEGGER, M. *Sein und Zeit*. Op. cit., p. 137.

trar-se caracteriza o pensar humano. A tonalidade afetiva não é um estado subjetivo que influencia o mundo objetivo. Ela é o mundo. O pensamento articula, posteriormente, em conceitos o mundo aberto em uma tonalidade afetiva fundamental.

A comoção precede o conceituar, o trabalho do conceito: "Determinamos o filosofar como o questionamento conceitualizante que se faz a partir de uma comoção essencial do *Dasein*. Uma tal comoção só é possível a partir de e em uma tonalidade afetiva fundamental do *Dasein*"[56]. Somente a tonalidade afetiva fundamental *faz* pensar: "Todo pensar essencial exige que seus pensamentos e proposições sejam extraídos a cada vez novamente como um minério da tonalidade afetiva fundamental"[57].

O ser humano como "*Dasein*" é já sempre lançado em um mundo dis-*posto*. O mundo

---

56 HEIDEGGER, M. *Die Grundbegriffe der Metaphysik – Welt-Endlichkeit-Einsamkeit*, esamtausgabe. Frankfurt, 1983, p. 195.

57 HEIDEGGER, M. *Beiträge zur Philosophie (Vom Ereignis)*. Frankfurt, 1989, p. 21 [Gesamtausgabe, vol. 65].

está pré-reflexivamente aberto para ele como uma totalidade. O *Dasein* como ser-*disposto* [*Gestimmt-sein*] precede o ser-*consciente* [*Bewusst-sein*]. Em sua comoção inicial, o pensar está, por assim dizer, *fora de si*. A tonalidade afetiva fundamental o desloca em um *fora*. A inteligência artificial não pensa porque ela nunca está *fora de si*. *Espírito* significa originalmente *ser-fora-de-si* ou *comoção*. A inteligência artificial pode até *calcular* muito rapidamente, mas a ela falta o *espírito*. Para ela, calcular a comoção seria apenas um incômodo.

Analógico quer dizer correspondente. O pensar como processo analógico *corresponde* a uma *voz* que lhe dis-*põe* [be-*stimmt*] e sin-*toniza* [durch-*stimmt*]. O pensar não se endereça a esse ou aquele ente, mas ao ente como um todo, ao *ser do ente*. A fenomenologia da tonalidade afetiva de Heidegger ilustra a diferença fundamental entre o pensar humano e a inteligência artificial. Em *Que é isso, a filosofia?* Heidegger escreve: "O corresponder escuta a voz do apelo. O que como voz do ser se dirige a nós dis-põe nosso corresponder. 'Corresponder' significa, então: ser dis-posto, *être disposé*, a saber, a partir do ser do ente. [...] O corresponder é – necessariamente e sempre, e não apenas ocasionalmente e de vez em quando – um corresponder dis-posto. Ele está em uma disposição. E, só com base na disposição (*disposition*), o dizer da correspondência recebe sua precisão, sua vocação [*Be-stimmtheit*]"[58]. O pensamento escuta; ele *ouve e ausculta*. A inteligência artificial é surda. Ela não percebe aquela "voz".

O "início de uma filosofia verdadeiramente viva" é, segundo Heidegger, o "despertar de uma tonalidade afetiva fundamental" que "nos sintoniza a partir do fundamento"[59]. A tonalidade afetiva fundamental é a força de gravidade que reúne palavras e conceitos em torno de si. Sem ela, falta ao pensar a *estrutura organizativa*: "Se a tonalidade afetiva fundamental estiver ausente, tudo se torna um ruído forçado de conceitos e palavras vazias"[60]. A *totalidade* afetiva dada em uma tonalidade afetiva

---

58 HEIDEGGER, M. *Was ist das – die Philosophie?* Pfullingen, 1956, p. 23.

59 HEIDEGGER, M. *Die Grundbegriffe der Metaphysik*. Op. cit., p. 103.

60 HEIDEGGER, M. *Beiträge zur Philosophie*. Op. cit., p. 21.

fundamental é a dimensão *análoga* do pensar que não se pode reproduzir por meio da inteligência artificial.

De acordo com Heidegger, a história da filosofia é uma história da tonalidade afetiva fundamental. O pensamento de Descartes, por exemplo, é dis*posto* pela dúvida, enquanto o maravilhar dá o *tom* ao pensamento de Platão. O *cogito* de Descartes é baseado na tonalidade afetiva fundamental da dúvida. Heidegger descreve *a imagem da tonalidade afetiva* da filosofia moderna da seguinte forma: "a ele [Descartes] a dúvida se torna aquela tonalidade afetiva na qual oscila a disposição ao *ens certum*, o ente na certeza. A *certitudo* torna-se a fixação do *ens qua ens* que resulta da indubitabilidade do *cogito* (*ergo*) *sum* para o ego do ser humano. [...] A tonalidade afetiva da confiança no alcance a cada momento da absoluta certeza do conhecimento permanece o *pathos* e, com isso, a *arché* da filosofia moderna"[61]. O *pathos* é o começo do pensamento.

---

61 HEIDEGGER, M. *Was ist das – die Philosophie*. Op. cit., p. 41s.

A inteligência artificial é *apática*, quer dizer, sem *pathos*, sem *paixão*. Ela *calcula*.

A inteligência artificial não tem acesso a *horizontes* que são *estimados* em vez de claramente traçados. Mas essa "estimação" não é um "degrau preliminar na escada do conhecimento". Ao contrário, ela abre o "átrio" em que "se oculta, isto é, encobre-se, tudo o que se pode saber"[62]. Heidegger situa a estimação no coração. Inteligência artificial não tem coração. O pensar com coração avalia e sente os *espaços* antes de trabalhar os conceitos. Nisso ele se distingue do calcular, que não necessita de *espaço*: "Se este saber 'de coração' é um estimar, então nunca nos será permitido tomar esse estimar por um significado que se torna obscuro. Ele tem seu próprio brilho e sua firmeza e, ainda assim, permanece fundamentalmente diferente da autoconfiança do entendimento calculista"[63].

---

62 HEIDEGGER, M. *Was heißt Denken?* Tübingen, 1984, p. 173.

63 HEIDEGGER, M. Höderlins Hymne "Der Ister". Frankfurt, 1984, p. 134 [Gesamtausgabe, vol. 53].

De acordo com Heidegger, a inteligência artificial seria incapaz de pensar na medida em que a *totalidade*, a partir da qual se começa a pensar, está fechada a ela. Ela é *sem mundo*. A totalidade como um *horizonte semântico* abrange mais do que aqueles objetivos que guiam a inteligência artificial. O pensar procede de forma bem diferente da inteligência artificial. A integridade forma a *estrutura* inicial a partir da qual os fatos são formados. A mudança de tonalidade afetiva como mudança de estrutura se equipara a uma mudança de paradigma que produz novos fatos[64]. A inteligência artificial, por outro lado, processa fatos, *dados*, *constantes*. Ela não pode criar novos fatos para si mesma.

Os *big data* sugerem um conhecimento absoluto. As coisas revelam suas correlações secretas. Tudo se torna calculável, previsível e controlável. Toda uma nova era de saber está sendo anunciada. Na realidade, estamos lidando com uma forma bastante primitiva de sa-

---

64 DREYFUS, H.L. *Die Grenzen künstliche Intelligenz*. Op. cit., p. 230.

ber. A mineração de dados expõe correlações. De acordo com a lógica de Hegel, a correlação é a forma mais elementar de saber. A correlação entre A e B diz: A ocorre frequentemente em conjunto com B. Com a correlação, não se sabe *por que* acontece dessa maneira. É *simplesmente assim*. A correlação indica uma probabilidade e não uma necessidade. Ela difere da relação causal, que estabelece uma necessidade: *A causa B*. A reciprocidade representa o próximo nível de saber. Ela diz: A e B condicionam um ao outro. Uma conexão necessária entre A e B é estabelecida. Neste nível de saber, no entanto, ela ainda não é *conceituada*: "Se alguém se limita a observar um determinado conteúdo do ponto de vista da reciprocidade, então este é de fato um comportamento completamente sem conceito"[65].

Somente o "conceito" capta a conexão entre A e B. É C que apreende A e B. Por meio de C, a conexão entre A e B é *conceituada*. O conceito forma novamente a *estrutura*, a *totalida-*

---

65 HEGEL, G.W.F. *Enzyklopädie der philosophischen Wissenschaften im Grundrisse*. Frankfurt, 1970, vol. 8, p. 302.

de que engloba A e B e esclarece sua relação. A e B são apenas os "momentos de um terceiro, mais alto". O *saber* no sentido autêntico só é possível no nível do conceito: "O conceito é o inerente às próprias coisas, pelas quais elas são o que são, e assim compreender um objeto significa tomar consciência de seu conceito"[66]. Somente a partir do *conceito* abrangente C é que a relação entre A e B pode ser plenamente compreendida. A própria realidade é transferida para o conhecimento ao ser apreendida pelo conceito.

Os *big data* fornecem um saber rudimentar. Ele permanece limitado às correlações e ao reconhecimento de padrões, nos quais, no entanto, nada é *conceituado*. O conceito forma uma *totalidade* que *inclui* e *capta* seus momentos em si mesmo. A totalidade é uma forma de conclusão. O conceito é uma conclusão. "Tudo é conclusão" significa "Tudo é conceito"[67]. A razão é também uma conclusão: "Todo racional é uma conclusão". Os *big data* são *aditivos*.

---

66 Ibid., p. 318.

67 Ibid., p. 332.

O aditivo não forma uma totalidade, uma *conclusão*. Falta-lhe o conceito, ou seja, a pega que une as partes em um todo. A inteligência artificial nunca atinge o nível conceitual do saber. Ele não *conceitua* os resultados que calcula. O cálculo difere do pensamento porque não forma conceitos e não avança de uma conclusão para outra.

A inteligência artificial aprende com o passado. O futuro que ela calcula não é um futuro no verdadeiro sentido da palavra. Ela é *cega para eventos*. Mas o pensar tem um caráter de acontecimento. Ele traz algo *completamente outro* para o mundo. A inteligência artificial carece precisamente da *negatividade da ruptura*, que deixa surgir o *novo* no sentido enfático. No fim das contas, tudo continua o mesmo. "Inteligência" significa *escolher entre* (*interlegere*). Ela só faz uma escolha entre opções *dadas com antecedência*, em última instância entre *um* e *zero*. Ela não vai além do acontecido previamente para o *não acontecido*.

Pensar no sentido enfático produz um *novo mundo*. Ele está a caminho do *completamente outro*, de *outro lugar*: "A palavra do pensar é pobre em imagens e sem estímulo. [...] No entanto, o pensar muda o mundo. Ele o transforma na profundidade sempre mais escura de um enigma, que, como mais escura, é a promessa de uma luz mais alta"[68]. A inteligência mecânica não atinge aquela profundidade escura de um enigma. As informações e os dados não têm *profundidade*. O pensamento humano é mais do que cálculo e solução de problemas. Ele *clareia* e *ilumina* o mundo. Ele produz um *mundo completamente outro*. Acima de tudo, a inteligência da máquina representa o perigo de que o pensar humano se iguale a ele e se torne como a *própria máquina*.

O pensar é alimentado pelo Eros. Em Platão, Logos e Eros entram em uma relação íntima. Eros é a condição de possibilidade para pensar. Heidegger também segue Platão nisto. No caminho para o não acontecido, o pensar é inspirado por Eros: "Eu o chamo de Eros, o mais velho dos deuses de acordo com as palavras de Parmênides. O bater das asas daquele

---

68 HEIDEGGER, M. *Vorträge und Aufsätze*. Pfullingen, 1954, p. 221.

deus me toca cada vez que dou um passo essencial no pensamento e me aventuro no não acontecido"[69]. O cálculo é sem Eros. Dados e informações não *seduzem*.

De acordo com Deleuze, a filosofia decola com um *faire l'idiot* [fazer de si mesmo um idiota][70]. Não é a inteligência, mas um idiotismo que caracteriza o pensar. Todo filósofo que produz um novo idioma, um novo pensar, uma nova linguagem, é um idiota. Ele se despede de tudo o que *foi*. Ele habita esse *patamar imanente do pensar virgem, ainda sem descrição*. Com *faire l'idiot*, o pensar ousa saltar para o completamente outro, para o não acontecido. A história da filosofia é uma história de idiotismos, de saltos idiotas: "O velho idiota queria evidências a que ele chegasse por si mesmo: enquanto isso ele duvidava de tudo [...]. O novo idiota não quer nenhuma evidência [...], ele quer o absurdo – isso é um quadro

---

69 HEIDEGGER, M. *Briefe Martin Heideggers an seine Frau Elfriede 1915-1970*. Munique, 2005, p. 264.

70 www2.univ-paris8.fr/deleuze/article.php3?id_article=131

completamente diferente do pensar"[71]. A inteligência artificial não é capaz de pensar, porque não é capaz de *faire l'idiot*. *Ela é inteligente demais para ser uma idiota.*

---

[71] DELEUZE, G. & GUATTARI, F. *Was ist Philosophie?* Frankfurt, 2000, p. 71.

Vistas das coisas

> *Que submissividade espantosa! As coisas são bem comportadas como fotos. Literalmente: como fotos! Elas não preocupam mais as pessoas. E assim elas não tomam mais conhecimento delas nem do canto do olho.*
> Francis Ponge[72]

> *D'abord la chose est l'autre, le tout autre qui dicte ou qui écrit la loi [...] une injonction infiniment, insatiablement impérieuse à laquelle je dois m'assujettir [...][73].*
> Jacques Derrida[74]

---

72 PONGE, F. *Schreibpraktiken oder Die stetige Unfertigkeit*. Munique, 1988, p. 69.

73 Em primeiro lugar, a coisa é a outra, a totalmente outra que dita ou escreve a lei [...] uma injunção infinitamente, insaciavelmente imperiosa à qual devo me submeter [...].

74 DERRIDA, J. *Signéponge*. Nova York, 1984, p. 13.

A malícia das coisas

Na série animada *Mickey Mouse*, há diferentes representações da realidade material ao longo do tempo[75]. Nos episódios mais antigos, as coisas se comportam de forma muito maliciosa. Elas desenvolvem uma vida própria, mesmo uma teimosia, e aparecem como atores imprevisíveis. O herói está constantemente se debatendo com elas. Ele é literalmente jogado de um lado para o outro pelas coisas e maltratado com prazer. Não é seguro estar perto delas. Portas, cadeiras, camas dobráveis, armários ou veículos podem se transformar a qualquer momento em objetos perigosos e armadilhas. A mecânica desempenha seu lado diabólico ao máximo. Há colisões em toda parte. O herói está completamente exposto à arbitrariedade e à imprevisibilidade das coisas. As coisas constantemente causam frustração. O prazer da série animada é em grande parte devido *à malícia das coisas*.

---

[75] CRAWFORD, M.B. Die *Wiedergewinnung des Wirklichen* – Eine Philosophie des Ichs im Zeitalter der Zerstreuung. Berlim, 2016, p. 111ss.

Em seus filmes mais antigos, Charlie Chaplin também está irremediavelmente à mercê da malícia das coisas. As coisas voam à sua volta e se metem no seu caminho. A situação de comédia vem dos duelos com as coisas. Arrancadas de seu contexto funcional, elas levam suas próprias vidas. É apresentada uma anarquia de coisas. Em *A casa de penhores*, por exemplo, Chaplin, enquanto penhorista, examina um despertador como um corpo com estetoscópio e martelo e o abre com uma furadeira manual e um abridor de latas. Partes mecânicas do relógio despertador desmontado tornam-se independentes e começam a se mover como se estivessem vivas[76].

A malícia das coisas provavelmente pertence ao passado. Não somos mais maltratados pelas coisas. Elas não se comportam de forma destrutiva e com resistência. Elas perdem seus espinhos. Não as percebemos em sua alteridade ou estranheza. Isso enfraquece nosso *senso de realidade*. Acima de tudo, a di-

---

76 KIMMICH, D. *Lebendige Dinge in der Moderne*. Konstanz, 2011, p. 92.

gitalização intensifica a desrealização do mundo ao descoisificá-lo. Nesse sentido, soa estranha a observação de Derrida de que a coisa é o "completamente outro" (*le tout autre*), que dita sua "lei" à qual temos que nos submeter. As coisas hoje são bastante submissas. Elas estão sujeitas às nossas necessidades.

Hoje, o Mickey Mouse também leva uma vida digital, *smart* e de não-coisas. Seu mundo está digitalizado e informatizado. Na nova série *A casa de Mickey Mouse*, a realidade material é apresentada de uma maneira completamente diferente. As coisas de repente perdem sua própria vida e se tornam ferramentas adequadas para a solução de problemas. A própria vida é vista como a solução de problemas. Lidar com as coisas perde todo o caráter conflituoso. Elas agora não aparecem como atores indisciplinados.

Mickey e seus amigos são apanhados em uma armadilha, por exemplo. Tudo o que eles têm que fazer é gritar "Oh Toudles". Depois aparece a "engenhoca", que se parece com um *smartphone* redondo. Em sua tela, ele mostra um menu com quatro "coisas para fazer", ou seja, quatro itens que eles podem escolher para resolver o problema. Para cada problema, a engenhoca tem uma solução pronta. O herói não colide mais com a realidade material. Ele não é confrontado com a resistência das coisas. Dessa forma, até mesmo as crianças são incutidas com um pensamento de viabilidade, de que existe uma solução rápida, mesmo um app, para tudo, de que a vida em si não é outra coisa senão a solução de problemas.

A parte de trás das coisas

Em sua viagem, Sinbad sofre um naufrágio. Com seus companheiros, ele se salva em uma pequena ilha que lhe parece um jardim paradisíaco. Eles passeiam e caçam. Enquanto fazem uma fogueira para assar a caça, o chão se dobra de repente. As árvores estalam. A ilha era na verdade o dorso de um peixe gigante. Ele estava descansando há muito tempo, de modo que o solo fértil se tinha formado em suas costas. O calor do fogo fez o peixe sair do descanso. O peixe mergulha nas profundezas. Sinbad e seus companheiros são atirados ao mar. Ernst Bloch lê o conto de fadas como uma alegoria para nossa relação com as coisas. Ele se opõe à nossa abordagem instrumental para com as coisas. Ele entende a cultura humana como uma instituição muito frágil nas "costas das coisas". Conhecemos apenas seu "lado frontal ou superior de sua disposição técnica para servir, incorporação amigável". Mas não vemos nem sua "face inferior" nem o elemento "em que o todo nada"[77].

Bloch considera a possibilidade de que a disposição das coisas para servir apresente apenas o seu lado frontal voltado para nós, que elas realmente pertencem a "outro mundo, um que só é infundido no mundo humano". Por trás de sua vontade de servir, assume-se uma vida irracional própria que se opõe às intenções humanas. De acordo com isso, não somos senhores em nossa própria casa: "O fogo no fogão aquece, mesmo que não estejamos lá. Assim, dizem, deve ter sido queimado nesse ínterim, no cômodo que se tornou quente. Mas seguramente não é isso, e o que

---

77 BLOCH, E. *Spuren*. Frankfurt, 1985, p. 174.

o fogo estava fazendo antes, o que os móveis estavam fazendo, enquanto estávamos fora, é obscuro. Nenhuma suposição sobre isto pode ser provada, mas também nenhuma, por mais fantástica que seja, pode ser refutada. Apenas: ratos dançavam em volta da mesa, ou era a mesa que o fazia nesse ínterim? É precisamente o fato de que quando retornamos tudo está de volta 'como se nada tivesse acontecido' que pode ser a coisa mais incrível de todas. [...] É um sentimento monstruoso para muitos, desde cedo, ver as coisas apenas enquanto as vemos"[78]. Talvez estejamos usando a internet das coisas para combater esse temor profundo de que as coisas possam estar tramando maldades na nossa ausência. As infosferas colocam grilhões nas coisas. A internet das coisas é sua prisão. Ela restringe as coisas e as transforma em agentes dispostos a fazer valer nossas necessidades.

No passado, as pessoas aparentemente permitiam que as coisas fossem mais independentes. No romance muito famoso *Auch Einer*

---

78 Ibid., p. 172.

(1878), do filósofo Friedrich Theodor Vischer, as coisas causam problemas. O protagonista se sente constantemente ameaçado pela "malícia do objeto". As coisas realmente o atingem. Ele trava uma guerra com elas. Ele eventualmente se vinga delas executando-as: "Desde o amanhecer até altas horas da noite, enquanto qualquer homem estiver por perto, o objeto pensa em traição, em malícia. É preciso lidar com ele como o domador de animais lida com a fera quando ele se arrisca a entrar em sua jaula; não tira os olhos do seu olhar e a fera não tira os seus [...]. Assim, todos os objetos, lápis, caneta, tinteiro, papel, charuto, vidro, lâmpada – tudo, tudo espreita para o momento em que não se é cuidadoso. [...] E assim como o tigre, no primeiro momento em que se vê a si mesmo não observado, salta com fúria para o infeliz, também o maldito objeto [...]"[79]

Na literatura do passado, as coisas, não raras vezes, agem como sujeitos com vontade própria. Muito impensável hoje seriam narra-

---

79 VISCHER, F.T. *Auch Einer* – Eine Reisebekanntschaft. Vol. 1. Stuttgart/Leipzig, 1879, p. 32s.

tivas como as *Aventuras de um Xelim* de Joseph Addison (1710) ou a *Autobiografia de um Lenço de Bolso* de James Fenimore Cooper (1843), em que as coisas contam suas histórias de vida como protagonistas. Muitas figuras literárias do século XX ainda são confrontadas com a vida própria das coisas. Neles, o projeto de modernidade, ou seja, a total disponibilização e instrumentalização das coisas, obviamente ainda mostra fissuras. A percepção é permeável às *partes de baixo e de trás das coisas*.

O *Törless* de Robert Musil, por exemplo, tem o "caráter enigmático" de ser "atacado até mesmo por coisas inanimadas, meros objetos, às vezes como por uma centena de olhos silenciosos e questionadores"[80]. Ele é *olhado* pelas coisas. Coisas imperceptíveis o afetam como se estivessem falando. O mundo está "cheio de vozes sem som"[81]. O *outro como olhar*, o *outro como voz* está presente naquele momento. Sartre, também, ainda sabe o que significa *ser*

---

80 MUSIL, R. *Die Verwirrungen des Zöglings Törleß*. Hamburgo, 1978, p. 7-140, aqui: p. 91 [Gesammelte Werke, vol. 2].

81 Ibid., p. 89.

tocado pelas coisas. O protagonista de *A Náusea* entra repetidamente *em contato* com as coisas, o que desencadeia nele um horror. "Os objetos, que não deveriam nos tocar, porque não vivem. Nós os usamos, colocamo-los em seu lugar, vivemos entre eles: eles são úteis, nada mais. Mas a mim, os objetos me tocam, é insuportável. Tenho medo de entrar em contato com eles, como se fossem animais vivos"[82]. No mundo de Sartre, o *outro* ainda está intacto. O *outro como olhar* é constitutivo da relação com o mundo. Mesmo o barulho dos galhos, uma janela semiaberta ou ligeiros movimentos das cortinas são percebidos como um olhar[83]. Hoje o mundo está completamente sem olhar. Ele não olha mais para nós. Ela perde sua *alteridade*.

Para Rilke, as coisas irradiam um calor. Ele sonha em copular com as coisas: "Com cada coisa eu quero dormir uma vez, cansar-me de seu calor, sonhar com sua respiração para dentro e para fora, sentir sua amada vizi-

---

82 SARTRE, J.-P. *Der Ekel*. Hamburgo, 2004, p. 20.

83 SARTRE, J.-P. *Das Sein und das Nichts* – Versuch einer phänomenologischen Ontologie. Hamburgo, 1952, p. 344.

nhança nua e descontraída em todos os meus membros e crescer forte por meio do cheiro de seu sono e depois, de manhã cedo, antes de acordar, sobretudo para dizer adeus, para continuar, para continuar..."[84] As belas coisas artesanais aquecem o coração. O *calor das mãos* é transferido para as coisas. A frieza das máquinas faz com que o calor das coisas desapareça. Na modernidade, as coisas esfriam e se tornam objetos rebeldes. Walter Benjamin também registra o resfriamento das coisas: "O calor desaparece das coisas. Os objetos de uso diário repelem o homem suave, mas persistentemente, de si mesmo. Em suma, ele tem que lutar arduamente todos os dias para superar as resistências secretas – e não apenas as abertas – que eles impõem. Ele deve compensar sua frieza com seu próprio calor a fim de não congelar diante deles e agarrar seus espinhos com infinita destreza a fim de não sangrar até a morte por eles"[85].

---

84 RILKE, R.-M. *Tagebücher aus der Frühzeit*. Frankfurt, 1973, p. 131s.

85 BENJAMIN, W. *Einbahnstraße*. Frankfurt, 1972, p. 83-148, aqui p. 99 [Gesammelte Schriften, vol. IV.I].

Há muito tempo se foram os dias em que as coisas tinham "espinhos". A digitalização retira das coisas qualquer materialidade "revoltosa", qualquer rebeldia. Eles perdem completamente o caráter de *obicere*. Eles não nos oferecem nenhuma resistência. Os infômatos não têm espinhos, de modo que teríamos que lidar com eles com infinita destreza. Ao contrário, eles se ajustam às nossas necessidades. Ninguém se machuca com o *smartphone* liso.

As coisas não são nem mesmo frias hoje em dia. Elas não têm nem frio nem calor. Elas são, por assim dizer, esmorecidas. Toda a vivacidade desaparece delas. Elas não representam mais uma contrapartida. Elas não são *contracorpos*. Quem se sente olhado ou abordado pelas coisas hoje? Quem percebe a feição das coisas? Quem reconhece uma fisionomia viva nas coisas? A quem as coisas parecem animadas? Quem suspeita que as coisas têm vida própria? Quem se sente ameaçado ou encantado pelas coisas? Quem está encantado com a visão calorosa das coisas? Quem se maravilha com a estranheza das coisas? As crianças de hoje ainda se arrastam com corações palpitantes pelo quarto meio escuro onde mesas, armários e cortinas fazem caras selvagens?

O mundo de hoje é muito pobre em *olhar* e *voz*. Não somos olhados nem interpelados por ele. Ele perde sua *alteridade*. A tela digital que determina nossa experiência do mundo nos protege da realidade. O mundo é desrealizado, descoisificado e descorporificado. O fortalecimento do ego não é mais tocado pelo outro. Ele se reflete na *parte de trás das coisas.*

O *desaparecimento do outro* é na verdade um evento dramático. Mas isso acontece de forma tão imperceptível que nem mesmo estamos propriamente cientes disso. O outro como mistério, o outro como olhar, o outro como voz desaparece. O outro, roubado de sua alteridade, naufraga em um objeto disponível e consumível. O desaparecimento do outro também afeta o mundo das coisas. As coisas perdem seu peso próprio, sua vida própria e sua vontade própria.

Se o mundo consiste apenas em objetos disponíveis e consumíveis, não podemos entrar em uma *relação* com ele. Também não é possível entrar em uma *relação* com a informação. A relação pressupõe uma *contraparte* independente, uma *reciprocidade*, um *Você*: "Aquele que fala *Você* não tem um algo, não tem nada. Mas ele está na relação"[86]. Um objeto disponível e consumível não é um *Você*, mas um *Isso*. A falta de relacionamento e apego leva a uma grave pobreza do mundo. A enxurrada de objetos digitais, em particular, resulta em uma perda de mundo. A tela é muito pobre no mundo e na realidade. Sem nenhuma contrapartida, sem nenhum *Você*, nós só fazemos círculos em torno de nós mesmos. A depressão não significa nada além de um aumento patológico da pobreza no mundo. Uma das razões para sua propagação é a digitalização. As infosferas intensificam nosso egocentrismo. Submetemos tudo às nossas necessidades. Somente um *renascimento do outro* poderia nos libertar da pobreza de mundo.

Fantasmas

Na história de Kafka *Os cuidados de um homem de família*, uma coisa rebelde chama-

---

86 BUBER, M. *Ich und Du*. Stuttgart, 1995, p. 5.

da Odradek assombra a casa. Isso preocupa o homem da casa. Odradek é um carretel de fio em forma de estrela que se move independentemente em pauzinhos como se estivesse em duas pernas. Falta-lhe qualquer vontade de servir ou submissão. Ele é uma coisa, mas que escapa de qualquer contexto funcional. Nada nele indica uma funcionalidade: "Seria tentado a acreditar que esse construto já teve alguma forma de finalidade e que agora está apenas quebrado. Mas esse não parece ser o caso; pelo menos não há nenhum sinal disso; não há nenhum vestígio ou fratura a ser visto que indique algo do tipo; a coisa toda parece sem sentido, mas completa em seu gênero. A propósito, não se pode dizer mais detalhes sobre isso, já que Odradek é extraordinariamente móvel e não pode ser pego". Odradek também foge à classificação espacial. Tem uma "residência indeterminada". Na maioria das vezes fica longe, em *espaços intermediários* como escadarias ou corredores. Às vezes, simplesmente não é possível vê-lo por meses. Odradek representa a *teimosia da coisa*. Ele corporifica o *outro*, o *completamente outro*. Ela tem sua *própria lei*.

Odradek tem muita vontade própria, mas "aparentemente não faz mal a ninguém", resume o narrador. Kafka, no entanto, pensa de forma diferente sobre não-coisas. Em uma carta a Milena, ele escreve que toda a infelicidade de sua vida vem de escrever cartas[87]. As cartas haviam trazido um terrível transtorno das almas no mundo. Escrever cartas era uma correspondência com fantasmas. Pode-se pensar em uma pessoa distante ou agarrar uma pessoa próxima, mas tudo o mais se passava por meio do poder humano. Os beijos escritos não chegam ao seu lugar de destino. Eles seriam interceptados e consumidos pelos fantasmas no caminho. A humanidade sentiu e lutou contra isso. Tinha inventado a ferrovia, o carro e o avião para eliminar ao máximo os fantasmas entre as pessoas e alcançar a paz de espírito, mas eles não a teriam ajudado, eram apenas invenções que tinham sido feitas ao acidente. O outro lado era muito mais forte.

---

87 KAFKA, F. *Briefe an Milena*. Frankfurt, 1983, p. 302.

Depois dos correios, inventaram o telégrafo, o telefone e a radiotelegrafia. Os espíritos não morreriam de fome, mas a humanidade, concluiu Kafka, pereceria.

Tendo em vista a digitalização, Kafka declararia resignadamente que os fantasmas haviam conquistado sua vitória final contra a humanidade, que eles tinham agora inventado a internet, o e-mail e os *smartphones*. Afinal de contas, os fantasmas deitam e rolam na rede. As infosferas são de fato fantasmagóricas. Nada pode ser *tangível* ali. As não-coisas são alimento para os fantasmas.

A comunicação digital prejudica consideravelmente as relações humanas. Hoje, estamos conectados em todos os lugares, mas sem estarmos *vinculados* uns aos outros. A comunicação digital é extensiva. Falta-lhe intensidade. A conexão em rede não é igual ao *relacionamento*. Hoje, *Você* é substituído por *Isso* em todos os lugares. A comunicação digital elimina a contraparte pessoal, *a feição*, o *olhar*, a *presença corporal*. Dessa forma, acelera o *desaparecimento do outro*. Os fantasmas habitam o *inferno do igual*.

O ser humano é um *ser próximo*. Mas a proximidade não é uma falta de distância. A distância está inscrita nela. Proximidade e distância pertencem uma à outra. Assim, o ser humano como um *ser próximo* é, ao mesmo tempo, um *ser distante*. É por isso que Kafka diz que se pode agarrar um ser humano próximo ou pensar em um ser humano distante; tudo mais passa pelo poder humano. A comunicação digital destrói tanto a proximidade quanto a distância ao tornar tudo *sem distância*. A *relação com o outro* pressupõe uma distância. A distância garante que *Você* não naufrague no *Isso*. Na era do distanciamento, a relação dá lugar ao *contato sem distância*.

Aos infômatos falta completamente a teimosia da coisa. Em todos os aspectos, eles se opõem a Odradek, a coisa rebelde. Eles estão completamente absorvidos em sua funcionalidade e se submetem aos pedidos. O infômato chamado Alexa, que ao contrário de Odradek, tem uma morada fixa, é muito falador. Ao contrário do mudo Odradek, a quem, segundo Kafka, não são feitas "perguntas difíceis", Alexa recebe qualquer pergunta, por mais complicada que seja, e dá respostas prontamente. Em nosso *smarthome*, nenhuma coisa vai preocupar o "homem da casa".

Magia das coisas

Hoje, percebemos a realidade primeiramente em termos de informação. A camada de informação, que cobre coisas como uma membrana sem lacunas, protege a percepção de *intensidades*. A informação *representa* a realidade. Mas sua predominância torna a experiência de *presença* mais difícil[88]. Nós consumimos permanentemente informações. A informação reduz o *contato*. A percepção perde profundidade e intensidade, corpo e volume. Ela não se aprofunda na *camada de presença* da realidade. Ele só toca sua superfície informativa.

---

88 Gumbrecht aponta corretamente para "a tendência predominante na cultura atual de abandonar e até mesmo apagar da memória a possibilidade de uma relação com o mundo baseada na presença" (GUMBRECHT, H.U. *Diesseits der Hermeneutik* – Die Produktion von Präsenz. Frankfurt, 2004, p. 12).

A massa de informação que se projeta diante da realidade mina a camada *material* da realidade. Hugo von Hoffmannsthal já assinalou: "[...] as palavras se colocaram diante das coisas. O ouvir dizer engoliu o mundo"[89]. Em sua famosa carta de Chandos, o narrador fictício relata experiências epifânicas de presença. Coisas imperceptíveis, como um regador meio cheio, um inseto flutuando nele, uma macieira raquítica, uma pedra coberta de musgo ou uma grade abandonada no campo, "sobre a qual um olho deslizava com indiferença evidente", de repente assume um "caráter sublime e tocante" em um momento e arrebata o observador com uma "suave e súbita maré de sentimento divino"[90]. Experiências epifânicas de intensidade colocam o espectador em um "pensamento febril", em um "pensar em um material que é mais imediato, mais fluido, mais incandescente

---

[89] HOFMANNSTHAL, H. Eine Monographie. In: *Reden und Aufsätze*. Frankfurt, 1986, p. 479-483, aqui p. 479 [Gesammelte Werke, vol. 1].

[90] HOFMANNSTHAL, H. Ein Brief. In: *Erzählungen, erfundene Gespräche und Briefe*, p. 461-472, aqui p. 467 [Gesammelte Werke, vol. 1].

que as palavras"[91]. Evoca-se uma relação *mágica* de mundo que não se caracteriza pela *representação*, ou seja, pela imaginação e significação, mas pelo *contato* e *presença* imediatos.

Nem a "visão do céu estrelado", nem o "ribombo majestoso do órgão"[92] conduzem à experiência da presença. Ao contrário, é uma "composição de nada"[93], que se torna a fonte de um arroubo enigmático e sem palavras. Em tais momentos epifânicos, a pessoa entra em uma "nova relação repleta de pressentimentos com toda a existência" e começa a "pensar com o coração"[94]. Isso também inclui momentos de profunda "paz"[95]. O narrador anseia por uma *linguagem-coisa* "na qual as coisas silenciosas falem comigo e na qual eu possa um dia responder no túmulo diante de um juiz desconhecido"[96].

---

[91] Ibid., p. 471.
[92] Ibid., p. 470s.
[93] Ibid., p. 469.
[94] Ibid.
[95] Ibid., p. 471.
[96] Ibid., p. 472.

A atenção crescente às coisas caminha junto com o autoesquecimento e a perda de si mesmo. Onde o *Eu* se torna fraco, ele se torna receptivo a essa linguagem silenciosa das coisas. A experiência de presença pressupõe uma *exposição*, uma *vulnerabilidade*. Sem uma *ferida*, eu acabo ouvindo apenas o eco de mim mesmo. A *ferida* é a abertura, a *escuta para o outro*. Hoje, esses momentos epifânicos não são possíveis, quanto mais não seja pela razão de que o ego está se tornando cada vez mais forte. Dificilmente ele é *tocado* pelas coisas.

A teoria da fotografia de Barthes pode ser aplicada à própria realidade. Ele faz distinção entre dois elementos da fotografia. O primeiro elemento, *studium,* diz respeito a esse vasto campo de informações que *registramos* quando examinamos as fotografias. Trata-se do "campo dos desejos despreocupados, dos interesses sem meta, das inclinações inconsistentes: *eu gosto/não gosto, I like/I don't*"[97]. O *studium* pertence à ordem do *like* e não do *love*. É acompanhado apenas por "interesses

---

97 BARTHES, R. *Die helle Kammer.* Op. cit., p. 36.

vagos, superficiais e irresponsáveis"[98]. As informações visuais podem certamente chocar, mas não "machucam". Não há "perplexidade". O *studium* carece de qualquer *veemência*. Não produz quaisquer *intensidades*. A percepção subjacente é *extensiva, aditiva* e *cumulativa*. O *studium* é uma *leitura*. Falta-lhe magia.

O segundo elemento da fotografia é chamado *punctum*. Ele interrompe o *studium*. Algo "brota de seu contexto como uma flecha para me trespassar"[99]. O *punctum* rasga a continuidade da informação. É um lugar de maior intensidade e condensação, habitado por *algo indefinível* que ilude toda representação: "A incapacidade de nomear algo é um sinal seguro de agitação interna. [...] O efeito está lá, mas não pode ser localizado, não encontra seu signo nem seu nome; é penetrante e, ainda assim, aterrissa em uma zona indefinida do meu eu [...]"[100].

---

[98] Ibid., p. 37.
[99] Ibid., p. 35.
[100] Ibid., p. 60s.

O *studium* está equipado com uma "consciência soberana"[101]. Deixo minha atenção deslizar soberanamente sobre o amplo campo de informações. O *punctum*, por outro lado, me coloca em uma passividade radical. Isso me torna *fraco*. Eu sofro uma perda de mim mesmo. Algo me "acerta" neste aspecto da decisão consciente. Algo me "cativa" e me "fere". Sou tocado e apreendido por algo *singular*. Algo *sem nome* invade uma zona desconhecida do *eu* que está além do meu controle.

Barthes chama aquelas fotografias que se esgotam no *studium* de "monótonas". Eles apenas transmitem informações fáceis de entender. A própria realidade torna-se monótona quando é diluída em informações consumíveis. A realidade como informação pertence à ordem do *like* e não à do *love*. O *curtir* inunda o mundo. A *negatividade do outro* é inerente a cada experiência intensa. O positivismo do *like* transforma o mundo em um *inferno do igual*.

---

101 Ibid., p. 35.

Barthes também inclui a fotografia pornográfica como uma fotografia monótona. Ela é lisa, enquanto a fotografia erótica é uma imagem "transtornada, fissurada"[102]. Nenhuma informação apresenta *rupturas*. Assim, não existem *informações eróticas*. A informação é pornográfica por sua própria essência. O que está completamente *à vista* e integralmente *exposto* não seduz. O erótico pressupõe um "campo cego", algo que escapa à visibilidade, à revelação de informações: "É a presença (a dinâmica) deste campo cego, creio eu, que distingue a fotografia erótica da pornográfica"[103]. O "campo cego" é o *lugar da fantasia*. Ela só se abre no *fechar dos olhos*.

O *punctum da realidade* penetra no campo da representação e deixa a *presença* invadir. Ela produz momentos epifânicos. A digitalização totaliza o *studium* ao reduzir a realidade à informação. Nada dispara da tela digital como uma flecha e perfura o espectador. A informação não tem *ponta de flecha*. Ela ricocheteia no

---

102 Ibid., p. 51.
103 Ibid., p. 68.

ego que se fortalece. A massa de informações que cobre a realidade protege a percepção do *punctum da realidade*. O ruído das informações impede experiências de presença, mesmo *revelações*, aos quais um *momento de silêncio* é inerente.

Freud descreve a "coisa" como um complexo de percepções que foge à representação[104]. Ele "impressiona" porque recusa qualquer atribuição de caráter. Ela se caracteriza pela singularidade imponente, a *negatividade do completamente outro*. Assim, ela marca uma fenda dentro do simbólico, ou seja, dentro do *studium*. Lacan também observa sobre a coisa: "O que há *na coisa* é o verdadeiro segredo"[105]. A coisa como um *ponto cego* representa uma contra-figura de informação e transparência. É o *intransparente* por excelência. Denota algo que se retira obstinadamente para um *subterrâneo*. Se as coisas comuns da percepção cotidiana fossem representantes da ordem sim-

---

[104] FREUD, S. Entwurf einer Psychologie. In: *Texte aus den Jahren 1885-1938*. Frankfurt, 1987, p. 375-486, aqui p. 426s.

[105] LACAN, J. *Seminar* – Die Ethik der Psychoanalyse. Weinheim/Berlin, 1996, p. 59.

bólica, a coisa misteriosa em si mesma seria uma NÃO-COISA (*achose*). A NÃO-COISA é o *real* que escapa ao *simbólico*. Ela atravessa a rede de representação. É o *punctum da realidade*, aquele "campo cego" (*champ aveugle*) ou "sutil de fora" (*hors-champ subtil*)[106], que atravessa o *studium*, o campo estendido de informações.

Esquecimento das coisas na arte

Obras de arte são coisas. Mesmo obras de arte linguísticas, como poemas, que normalmente não tratamos como coisas, têm um caráter de coisa. Em uma carta a Lou Andreas-Salomé, Rilke escreve: "De alguma forma eu também devo chegar a fazer coisas; não coisas plásticas, escritas, – realidades que emergem do ofício"[107]. O poema como um construto formal de *significantes*, sinais linguísticos, é, portanto, uma coisa porque não pode ser resolvido em significados. Podemos ler um poe-

---

106 BARTHES, R. *Die helle Kammer*. Op. cit., p. 68.
107 RILKE, R.M. & ANDREAS-SALOMÉ, L. *Briefwechsel*. Frankfurt, 1975, p. 105.

ma por seu significado, mas ele não se funde com ele. O poema tem uma dimensão sensível e corpórea que escapa ao sentido, ao *significado*. É precisamente o *excedente do significante* que condensa o poema em uma coisa.

Não conseguimos ler uma coisa. O poema como uma coisa resiste à leitura que consome sentido e emoções, como nos romances policiais ou nos romances famosos. Esta leitura não está aberta para revelações. Ela é pornográfica. Mas o poema recusa qualquer "satisfação romancista"[108], qualquer consumo. A leitura pornográfica é oposta à *leitura erótica* que se *detém* no texto como um corpo, como uma coisa. Os poemas não são compatíveis com nossa era pornográfica e consumista. É precisamente por esta razão que hoje quase não lemos poesia. Robert Walser descreve o poema como um belo corpo, como uma coisa corpórea: "Na minha opinião, o belo poema tem que ser um belo corpo, que tem que desabrochar das [...] palavras esquecidas, quase inimagináveis, colocadas no papel. Estas palavras formam a pele que se es-

---

108 BARTHES, R. *Die Lust am Text*. Frankfurt, 2010, p. 19.

tica firmemente ao redor do conteúdo, ou seja, o corpo. A arte não consiste em dizer palavras, mas em formar um poema-corpo, isto é, cuidar para que as palavras formem apenas os meios para a formação do poema-corpo [...]"[109]. As palavras são colocadas no papel "desprovidas de ideias" e "esquecidas". A escrita é, assim, liberada da intenção de dotar as palavras de um significado unívoco. O poeta se entrega a um processo quase inconsciente. O poema é tecido a partir de significantes que são liberados da obrigação de produzir sentido. O poeta é *sem ideias*. Ele é caracterizado por uma *ingenuidade mimética*. Ele tem a intenção de formar um corpo, uma coisa, com as palavras. As palavras como pele não encerram um significado, mas se estendem firmemente ao redor do corpo. A poesia é um *ato de amor*, um *jogo erótico com o corpo*.

O *materialismo* de Walser consiste em sua compreensão do poema como um corpo. A poesia não trabalha sobre a formação do sentido, mas sobre a formação do corpo. Os sig-

---

109 WALSER, R. *Briefe*. Zurique, 1979, p. 266.

nificantes não se referem a um significado em primeiro lugar, mas se condensam além dele em um corpo belo e misterioso que *seduz*. A leitura não é uma hermenêutica, mas um tato, um contato, uma carícia. Ela se aconchega à *pele do poema*. Ela *desfruta de seu corpo*. O poema como um corpo, como uma coisa, dá uma *presença* especial a ser sentida, deste lado da *re-presentação* à qual a hermenêutica é dedicada.

A arte está se afastando cada vez mais do materialismo que entende a obra de arte como uma coisa. Além da obrigação de sentido, ela permite um jogo despreocupado com significantes. Ele vê a linguagem como um material com o qual se pode brincar. Francis Ponge compartilharia facilmente o materialismo de Walser: "A partir do momento em que se consideram as palavras (e expressões verbais) como um material, é muito agradável ocupar-se delas. Assim como pode ser agradável para um pintor ocupar-se com cores e formas. É muito gratificante brincar com elas"[110]. A lín-

---

110 PONGE, F. *Schreibpraktiken oder Die stetige Unfertigkeit*. Op. cit., p. 82.

gua é um parque infantil, um "lugar de deleite". As palavras não são, antes de tudo, portadoras de significado. Ao contrário, é uma questão de "extrair delas o máximo de prazer possível fora de seu significado"[111]. Assim, a arte que é dedicada ao sentido é *hostil ao prazer*.

A poética de Ponge se preocupa em dar linguagem às coisas em si mesmas, em sua alteridade, em sua idiossincrasia, além de sua utilidade. A linguagem não tem a função de designar as coisas, de *representá-las*. Em vez disso, a ótica-da-coisa de Ponge *coisifica* as palavras, aproxima-a do *status* da coisa. Em uma ingenuidade mimética, ela retrata a *correspondência secreta entre linguagem e coisa*. Como com Walser, o poeta está completamente *sem ideias*.

A voz também possui uma dimensão material-corporal que se revela precisamente em sua "aspereza", na "voluptuosidade de seus significantes sonoros"[112]. O aspecto de coisa

---

111 Ibid., p. 13.

112 BARTHES, R. Rauheit der Stimme. In: *Der entgegenkommende und der stumpfe Sinn*. Frankfurt, 1990, p. 269-278, aqui p. 272 [Kritische Essays, III].

da voz torna a língua e as membranas mucosas, seu desejo, audível. Ela forma a *pele sensível da voz*. A voz não só é articulada, mas também *corporificada*. A voz, que se absorve completamente no significado, é sem corpo, sem prazer, sem desejo. Como Walser, Barthes fala explicitamente da *pele*, do *corpo* da linguagem: "Algo está lá, inaudível e obstinado (só se ouve), que está além (ou deste lado) do significado das palavras [...] algo que é diretamente o corpo do cantor, que em um e mesmo movimento das profundezas das cavidades, músculos, mucosas e cartilagens [...] penetra até o ouvido como se uma e a mesma pele se estendesse sobre a carne interior do cantor e sobre a música cantada por ele"[113].

Barthes faz distinção entre duas formas de canto. O "geno-canto" é dominado pelo princípio do prazer, pelo corpo, pelo desejo, enquanto o "feno-canto" é dedicado à comunicação, à transmissão de sentido. No feno-canto, predominam as consoantes, trabalhando sobre o sentido e o significado. O geno-canto, por

---

113 Ibid., p. 271.

outro lado, usa consoantes "para meramente lançar a maravilhosa vogal". As vogais abrigam o corpo voluptuoso, o desejo. Eles formam a *pele* da linguagem. Elas dão origem a arrepios. O feno-canto das consoantes, por outro lado, não lhe *toca*.

A obra de arte como coisa não é um mero portador de pensamentos. Ela não *ilustra* nada. Nenhum conceito claro, mas uma febre indeterminada, um delírio, uma intensidade, um impulso ou desejo inarticulável guia o processo de expressão. No ensaio *A dúvida de Cézanne*, Maurice Merleau-Ponty escreve: A expressão não pode ser a mera repetição de um pensamento já claro, pois claros são apenas os pensamentos que já foram exprimidos por nós ou por outros. A 'concepção' não deve preceder a 'execução'. Antes da expressão existe apenas uma febre indeterminada [...]"[114]. Uma obra de arte *significa* mais do que todos os significados que poderiam ser extraídos dela. Paradoxalmente, este excedente de signi-

---

114 MERLEAU-PONTY, M. *Das Auge und der Geist* – Philosophische Essays. Hamburgo, 2003, p. 17.

ficado deve-se à renúncia de significado. Ele remonta ao *excedente do significante*.

O problemático na arte atual é que ela tende a comunicar uma opinião preconcebida, uma convicção moral ou política, ou seja, a transmitir informações[115]. A concepção precede a execução. Como resultado, a arte degenera em ilustração. Nenhuma febre indefinida determina o processo de expressão. A arte não é mais um *trabalho da mão* que molda a matéria em uma coisa *sem intenção*, mas um *trabalho de pensamento* que comunica uma ideia pré-fabricada. A arte é envolvida por um *esquecimento das coisas*. A arte se permite ser assimilada pela comunicação. Ela se torna *carregada de informação e de discurso*. Ele quer *instruir* ao invés de *seduzir*.

As informações destroem o *silêncio* da obra de arte como uma coisa: "As pinturas são silenciosas e quietas em um sentido em que a informação nunca é"[116]. Se olharmos para

---

[115] É precisamente a politização da arte que contribui para o desencanto da arte. Cf. PFALLER, R. *Die blitzenden Waffen* – Über die Macht der Form. Frankfurt, 2020, p. 93.

[116] BERGER, J. *Sehen* – Das Bild der Welt in der Bilderwelt. Reinbek, 1974, p. 31.

uma pintura apenas em termos de informação, negligenciamos sua teimosia, sua magia. É o *excedente do significante* que faz a obra de arte parecer *mágica* e *misteriosa*. O mistério da obra de arte não consiste no fato de que esconde informações que poderiam ser reveladas. Ao contrário, o que é misterioso é o fato de que os significantes circulam sem serem parados por um significado, por um sentido: "O segredo. A qualidade sedutora e iniciática do que não pode ser dito, muito embora circule, no entanto. [...] Uma cumplicidade que não tem nada em comum com informações que são mantidas escondidas. Especialmente porque os parceiros não podiam revelar o segredo, mesmo que quisessem, porque não há nada a dizer... Tudo o que pode ser revelado passa pelo segredo. [...] o segredo se opõe à comunicação e, no entanto, é algo que é compartilhado"[117].

O regime de informação e comunicação não é compatível com o segredo. O segredo é

---

117 BAUDRILLARD, J. *Von der Verführung*. Munique, 1992, p. 110.

um antagonista da informação. É um *murmúrio da linguagem* que não tem nada a dizer. Essencial para a arte é a "sedução abaixo do discurso, invisível, de sinal em sinal, circulação secreta"[118]. A sedução corre abaixo do sentido, deste lado da hermenêutica. É *mais rápida, mais ágil* do que o sentido e o significado.

A obra de arte tem dois níveis, o lado voltado para a representação e o lado voltado para longe dela. Podemos chamar aquela de *feno-camada* e esta de *geno-camada* da obra de arte. A arte que é carregada de discurso, moralizante ou politizante, não possui nenhuma *geno-camada*. Ela de fato tem opiniões, mas nenhum *desejo*. A geno-camada como lugar de mistério provê a obra de arte de uma aura de NÃO-COISA ao rejeitar a atribuição de sentido.

A NÃO-COISA *impressiona* porque não informa. É o *lado de trás*, o misterioso *quintal*, o "sutil de fora" (*hors-champ subtil*) da obra de arte, de fato seu *inconsciente*. Ela resiste ao desencanto da arte.

---

118 Ibid., p. 111.

A mão de Heidegger

Heidegger é enfaticamente adepto do trabalho e da mão, tendo estimado que o ser humano do futuro seria sem mão e, em vez de trabalhar, tenderia a brincar. Uma preleção sobre Aristóteles começa com as palavras: "Ele nasceu, trabalhou e morreu"[119]. Pensar é trabalho. Posteriormente, Heidegger designa o pensar como trabalho manual: "Talvez o pensar seja também apenas algo semelhante à construção de um relicário. De todo modo, é um trabalho manual"[120]. A mão faz do pensar um processo decididamente analógico. Heidegger diria: a inteligência artificial não pensa porque ela não tem mão.

A *mão* de Heidegger defende resolutamente a ordem terrena contra a ordem digital. Digital remonta a *digitus*, que significa dedo. Com os dedos nós *contamos* e *calculamos*. Eles são numéricos, ou seja, digitais. Heidegger diferencia a mão expressamente dos dedos.

---

119 ARENDT, H. & HEIDEGGER, M. *Briefe 1925-1975*. Frankfurt, 2002, p. 184.

120 HEIDEGGER, M. *Was heisst Denken?* Op. cit., p. 50s.

A máquina de escrever, da qual participam apenas a ponta dos dedos, "retira do ser humano o âmbito essencial da mão"[121]. Ela destrói a "palavra" ao degradá-la em um "meio de circulação", ou seja, uma "informação"[122]. O datilografado "não vem nem vai mais através da mão que escreve e que genuinamente age"[123]. Apenas a "escrita manual" se aproxima do âmbito essencial da palavra. A máquina de escrever é, segundo Heidegger, uma "nuvem sem signo", uma nuvem numérica, uma *cloud* que encobre a essência da palavra. A mão é um "signo" na medida em que ela indica "o que se confere ao pensar". Só a mão recebe o dom do pensar. Para Heidegger, a máquina de escrever é uma precursora do computador. Ela transforma a "palavra" em "informação". Ela se aproxima do aparelho digital. A construção do computador é possibilitada pelo "processo de linguagem se tornando cada vez mais o mero

---

121 HEIDEGGER, M. *Parmenides*. Frankfurt, 1982, p. 126 [Gesamtausgabe, vol. 54].

122 Ibid., p. 119.

123 Ibid.

utensílio de *informação*"[124]. A mão não conta nem calcula. Ela representa o não-contável, o não-calculável, o "singular puro e simples, que, na sua singularidade, é unicamente o uno unicamente unificador, antes de todo o número"[125].

A análise de Heidegger acerca dos utensílios em *Ser e tempo* já mostra que é a mão que nos abre o meio-ambiente numa forma original. Uma coisa primeiro se mostra como um ente "à mão". Quando eu pego imediatamente o lápis, ele não me parece ser um objeto com certas propriedades. Tenho até mesmo que afastar minha mão e olhar para a caneta se quiser representá-la como um objeto. A mão que agarra experimenta a coisa mais originalmente do que a concepção representativa: "quanto menos a coisa-martelo é apenas observada, quanto mais ela é empunhada em emprego, mais original será a relação com ela,

---

124 HEIDEGGER, M. Johann Peter Hebel. In: *Reden und andere Zeugnisse eines Lebensweges, 1910-1976*. Frankfurt, 2000, p. 530-533, aqui p. 532 [Gesamtausgabe, vol. 16].

125 HEIDEGGER, M. *Holzwege*. Op. cit., p. 318 [trad. cit., p. 400].

mais desveladamente se dará o encontro com o que ela de fato é, um utensílio. O martelar mesmo descobre a 'maneabilidade' do martelo. O modo de ser do utensílio, no qual ele se manifesta a partir de si mesmo, chamamos de *manejabilidade*"[126]. A mão *antecipa* a representação. O pensar de Heidegger se esforça constantemente para penetrar em uma esfera de experiência que é bloqueada e precede o pensar representativo e objetivador. É precisamente a *mão* que tem acesso à esfera original do ser que precede toda forma de objetivação.

A coisa como utensílio é experimentada no interior de *Ser e tempo* em sua serventia. Em sua segunda análise do utensílio em *A origem da obra de arte*, Heidegger tenta penetrar em uma esfera ainda mais profunda do ser da coisa, que por sua vez precede a serventia: "O *ser-utensílio* do utensílio consiste, de fato, em sua serventia. Mas mesmo isso repousa na plenitude de um ser essencial do utensílio. Nós a chamamos de fiabilidade"[127]. "Fiabilidade"

---

[126] HEIDEGGER, M. *Sein und Zeit*. Op. cit., p. 69.
[127] Ibid., p. 23.

é uma experiência da coisa primária daquilo que precede até mesmo a capacidade de serviço. Heidegger ilustra a "fiabilidade" com uma pintura de Van Gogh retratando um par de sapatos de couro. Por que Heidegger escolhe sapatos como exemplo? Os sapatos protegem o *pé*, que está de muitas maneiras relacionado com a *mão*. Curiosamente, Heidegger chama explicitamente a atenção para o pé, o que seria bastante desnecessário, já que todos sabem para que servem os sapatos: "Escolhemos como exemplo um utensílio familiar: um par de sapatos de camponês. [...] Tais utensílios servem para calçar os pés"[128].

A pintura de Van Gogh apresenta de fato seus próprios sapatos. Em todos os aspectos, eles são sapatos de homem. Heidegger, entretanto, toma decisões de vontade própria: "A mulher camponesa na lavoura usa os sapatos. Só aqui eles são o que são. Eles são tanto mais genuínos quanto menos a camponesa pensa nos sapatos durante o trabalho ou mesmo olha

---

128 HEIDEGGER, M. *Holzwege*. Op. cit., p. 22 [trad. cit., p. 27].

para eles ou os sente. Ela fica de pé e caminha neles. É assim que os sapatos realmente servem"[129]. Essa passagem faz lembrar a análise do utensílio em *Ser e tempo*. A *coisa-martelo* me parece aquilo que é, ou seja, como utensílio no exato momento em que, em vez de apenas olhar para ele, eu o pego na mão e martelo. "Da abertura escura do interior deformado do calçado, a fadiga dos passos do trabalho olha-nos fixamente. No peso sólido, maciço, dos sapatos está retida a dureza da marcha lenta pelos sulcos que longamente se estendem, sempre iguais, pelo campo, sobre o qual perdura um vento agreste. No couro, está [a marca] da humidade e da saturação do solo. Sob as solas, insinua-se a solidão do carreiro pelo cair da tarde. O grito mudo da terra vibra nos sapatos, o seu presentear silencioso do trigo que amadurece e o seu recusar-se inexplicado no pousio desolado do campo de Inverno. Passa por este utensílio a inquietação sem queixume pela segurança do pão, a alegria sem palavras do acabar por vencer de novo a carestia, o es-

---

[129] Ibid.

tremecimento da chegada do nascimento e o tremor na ameaça da morte. Esse utensílio pertence à terra e está abrigado no *mundo* da camponesa"[130].

A "fiabilidade" da coisa consiste no fato de que ela incorpora as pessoas naquelas referências de mundo que dão uma sustentação à vida. A coisa com sua "fiabilidade" é uma *coisa do mundo*. Pertence à ordem terrena. Se a coisa estiver desconectada, como está hoje, dessa plenitude de referência *promotora de mundo* e se esgotar em pura funcionalidade, sua fiabilidade também desaparece: "O utensílio singular é usado e desgastado [...] É assim que o ser-utensílio chega à desolação, desce ao nível do mero utensílio. Tal desolação do ser-utensílio é o desvanecer-se da fiabilidade. [...] Agora já só a crua serventia é visível"[131].

O *Dasein* humano *firma os pés* sobre a Terra. O pé de Heidegger representa o *aterramento*. Ele conecta o homem com a terra, o que lhe dá um ponto de apoio e um lugar para onde

---

130 Ibid., p. 22s. [trad. cit. p. 28s.].

131 Ibid., p. 23s. [trad. cit. p. 29s. modificado].

permanecer. O *caminho campestre* de Heidegger "guia o pé silenciosamente por uma trilha ágil através da vastidão da terra árida"[132]. A coisa com sua fiabilidade garante que o homem *finque os pés* na terra. O pé fornece outra indicação de por que Heidegger se apega tão resolutamente à mão. Mão e pé apontam para o *lugar* do pensamento de Heidegger. Eles corporificam a ordem terrena. O ser humano sem mãos do futuro também não tem pés. Ele flutua longe da terra para dentro da nuvem digital.

A coisa de Heidegger é uma coisa do mundo: "A coisa coisifica mundo"[133]. *Coisificar* como um verbo para coisa significa "reunir". A coisa "reúne" as relações de sentido em que o *Dasein* humano está inserido. Heidegger chama a estrutura de mundo que dá sentido de "quadrado". O mundo consiste em quatro componentes que dão sentido e apoio: "terra" e "céu", o "divino" e o "mortal". Para Heidegger, as coisas são "riacho e montanha", "garça e veado", "espelho

---

132 HEIDEGGER, M. *Aus der Erfahrung des Denkens 1910-1976*. Frankfurt, 1983, p. 87 [Gesamtausgabe, vol. 13].

133 HEIDEGGER, M. *Vorträge und Aufsätze*. Op. cit., p. 173.

e gancho", "livro e quadro" ou "coroa e cruz"[134]. As *aliterações* contidas em todas elas sugerem uma ordem de mundo simples que deve ser refletida nas coisas. Heidegger nos exorta a confiar na *métrica*, no *ritmo* da ordem terrena, para nos abandonarmos ao *peso do mundo*.

Heidegger insiste na *medida interior* da Terra. Sua crença consiste em que além da vontade humana há um "aprovar e pôr em ordem"[135], ao qual o ser humano deve se submeter. A permanência não é *produzida*, mas *aprovada*. O último Heidegger prevê um *Dasein sem preocupações* [*Sorge*], um "ser-seguro", que, no entanto, escapa à vontade humana: "Seguro, securus, sine cura, significa: sem cuidado [*Sorge*]. O *cuidar* é neste caso do mesmo gênero que o *impor-se* propositado nos caminhos e com os meios do produzir incondicional. [...] O estar seguro é o repousar a coberto na rede dos feixes [*im Gezüge*] da conexão completa"[136].

---

134 Ibid., p. 175.

135 HEIDEGGER, M. *Holzwege*. Op. cit., p. 337 [trad. cit., p. 432].

136 Ibid., p. 275 [trad. cit., p. 342s.].

Os seres humanos são, segundo Heidegger, "condicionados" [*Be-Dingten*]. A "coisa" acolhe "a rede dos feixes de toda relação" que cuida do apoio, do "estar-seguro". Ele se opõe resolutamente à incipiente ordem digital, na qual o mundo "permanece ordenável como um sistema de informação"[137]. A ordem digital luta pelo incondicionado [*Un-Bedingte*], enquanto a ordem terrena assevera o condicionamento [*BeDingtheit*] humano: "O homem está prestes a precipitar-se sobre a terra no seu todo e sobre a sua atmosfera, a usurpar, sob a forma de 'forças', o campear escondido da Natureza [...] O mesmo homem em rebelião é incapaz de dizer, simplesmente, o que *é*, incapaz de dizer *o que é* isso que uma coisa *é*"[138].

A mão de Heidegger está vinculada à ordem terrena. Portanto, ela não compreende o futuro humano. O homem há muito deixou de habitar a "terra" e o "céu". No caminho para a incondicionalidade, ele também deixará para

---

137 HEIDEGGER, M. *Vorträge und Aufsätze*. Op. cit., p. 26.

138 HEIDEGGER, M. *Holzwege*. Op. cit., p. 343 [trad. cit., p. 439].

trás os "mortais" e os "divinos". As últimas coisas (*ta eschata*) também terão que ser deixadas de lado. O ser humano se move para o incondicionado. Estamos caminhando para uma era trans e pós-humana na qual a vida humana será um *puro intercâmbio de informações*. O ser humano está descartando sua condicionalidade, sua facticidade, que, no entanto, é o que faz dele o que ele é. Humano remete a húmus, ou seja, à terra. A digitalização é um passo consistente no caminho para a abolição do *humanus*. O futuro humano está bem traçado: *O homem se suprime a si mesmo para se tornar absoluto*.

Coisas do coração

Em *O pequeno príncipe*, de Antoine de Saint-Exupéry, há uma cena que ilustra o que é uma coisa do coração. Lá, o Pequeno Príncipe encontra uma raposa. Ele a convida para brincar. Mas a raposa responde que não pode brincar com o menino porque não foi "cativada" por ele. O principezinho pergunta à raposa o que significa "cativar" (*apprivoi-*

ser). Ao que a raposa responde: "É uma coisa quase esquecida [...]. Significa nos tornarmos familiares, estabelecer relações. [...] Para mim, você é apenas um garotinho como cem mil outros. Eu não preciso de você. E você também não precisa de mim. Eu sou apenas uma raposa entre centenas de milhares de raposas para você. Mas, se você me cativar, então, precisaremos um do outro. Você será único para mim. E eu serei única para você no mundo inteiro..."

A ligação intensiva está se tornando cada vez menos importante hoje em dia. Ela é acima de tudo improdutiva, pois só os laços fracos aceleram o consumo e a comunicação. Assim, o capitalismo destrói sistematicamente os laços. As coisas do coração também são raras hoje em dia. Eles dão lugar a artigos descartáveis. A raposa continua: "As pessoas não têm mais tempo para conhecer nada. Elas compram tudo pronto nas lojas. Mas como não há lojas para amigos, as pessoas não têm mais amigos". Hoje, Saint-Exupéry poderia afirmar que agora também existem lojas para amigos com nomes como Facebook ou Tinder.

Somente após seu encontro com a raposa é que o Pequeno Príncipe percebe por que sua rosa é tão única para ele: "Foi ela que eu protegi com uma redoma. [...] E também foi ela quem ouvi reclamar ou se gabar ou às vezes ficar em silêncio". O Pequeno Príncipe dá tempo à rosa ao "ouvi-la". A *escuta* vale para o *outro*. O verdadeiro ouvinte se expõe incondicionalmente ao outro. Sem *exposição* ao outro, o Eu levanta a cabeça novamente. A *fraqueza metafísica para o outro* é constitutiva da *ética da escuta* como uma ética da *responsabilidade*. O ego que se fortalece é incapaz de ouvir porque em todos os lugares ele só ouve a si mesmo falando.

O coração bate em direção ao *outro*. Nós também encontramos o *outro* nas coisas do coração. Eles são, muitas vezes, um *presente do outro*. Hoje não temos *tempo para o outro*. O tempo como *tempo do si-mesmo* nos torna cegos para o outro. Somente o tempo do outro suscita o vínculo intenso, a amizade, a comunidade. Ele é o *bom* tempo. Assim fala a raposa: "O tempo que você deu à sua rosa torna sua rosa tão importante. [...] As pessoas esqueceram esta verdade [...]. Mas você não deve esquecê-la. Você é responsável por aquilo que você cativa. Você é responsável por sua rosa".

A raposa deseja que o Pequeno Príncipe a visite sempre no mesmo horário, fazendo da visita um ritual. O principezinho pergunta à raposa o que é o ritual. Ao que a raposa responde: "Isto também foi esquecido [...]. Isto é algo que distingue um dia de outro, uma hora de outra hora". Os rituais são técnicas de fechamento temporal[139]. Eles transformam o "estar-no-mundo" em "estar-em-casa". Eles são no tempo o que as coisas são no espaço. Eles estabilizam a vida ao estruturarem o tempo. Eles são *arquiteturas temporais*. Desta forma, eles tornam o tempo habitável, até mesmo transitável, como uma casa. O tempo hoje carece de uma estrutura sólida. Ele não é uma casa, mas uma tempestade caudalosa. Nada lhe dá uma base de apoio. O tempo, que se avança apressadamente, não é habitável.

---

139 SAINT-EXUPÉRY, A. *Die Stadt in der Wüste*. Frankfurt, 1996, p. 26s.

Tanto os rituais quanto as coisas do coração são pontos de descanso da vida que a estabilizam. Eles são caracterizados pela repetição. A compulsão da produção e do consumo elimina a repetição. Ela desenvolve a compulsão para o novo. Mesmo as informações não são repetíveis. Já por causa de sua estreita abrangência de atualidade, elas reduzem a duração. Eles desenvolvem uma compulsão por estímulos sempre novos. As coisas do coração não têm estímulo. Portanto, elas são repetíveis.

A expressão francesa *apprendre par cœr* (aprender de cor) significa adquirir por meio da repetição. Só a repetição chega ao coração. Seu *ritmo* também se deve à repetição. A vida, da qual toda a repetição partiu, é sem ritmo, sem compasso. O ritmo também estabiliza a psique. Ele dá ao tempo, o elemento inerentemente instável, uma forma: "O ritmo é o sucesso da forma sob a condição (agravante) de temporalidade"[140] Na era das emoções, dos afetos e das experiências irrepetíveis, a vida perde forma e ritmo. Torna-se radicalmente fugaz.

---

140 GUMBRECHT, H.U. *Präsenz*. Frankfurt, 2012, p. 227.

O tempo das coisas do coração, o tempo do coração acabou. O coração pertence à ordem terrena. Acima da porta da frente de Heidegger está o versículo bíblico: "Guarda teu coração com toda diligência, pois dele vem a vida"[141]. Saint-Exupéry também invoca o poder do coração que suscita a *vida*. A raposa dá ao Pequeno Príncipe um segredo para levar com ele na saída: "É muito simples: só se vê bem com o coração. O essencial é invisível aos olhos".

---

141 Provérbios 4,23.

Silêncio

O sagrado é um *evento de silêncio*. Isso nos faz *ouvir*: "*Myein*, consagrar, representa etimologicamente 'fechar' – os olhos, mas acima de tudo a boca. No início dos ritos sagrados, o arauto 'ordenava' 'silêncio' (*epitattei ten siopen*)"[142]. Vivemos hoje em um *tempo sem consagração*. O verbo básico de nosso tempo não é "fechar", mas *abrir*, "os olhos, mas acima de tudo a boca". A hipercomunicação, o barulho da comunicação desconsagra e profana o mundo. Ninguém *escuta*. Todos se *produzem a si mesmos*. O silêncio *não produz nada*. É por isso que o capitalismo não ama o silêncio. O capitalismo da informação produz a compulsão da comunicação.

---

[142] AGAMBEN, G. *Das unsichtbare Mädchen* – Mythos und Mysterium der Kore, Frankfurt, 2012, p. 11.

O silêncio aguça a atenção para a ordem superior, que, entretanto, não precisa ser uma ordem de dominação e poder. O silêncio pode ser altamente pacífico, até mesmo amigável e profundamente gratificante. É verdade que a dominação pode impor o silêncio por parte dos subjugados. Mas o silêncio imposto não é silêncio. O verdadeiro silêncio é sem coerção. Não é opressivo, mas edificante. Ele não rouba, mas concede.

Cézanne vê a tarefa do pintor como *fazer silêncio*. O Montagne Sainte-Victoire lhe aparece como um *imponente maciço de silêncio* que ele deve *obedecer*. O vertical, o imponente exige silêncio. Cézanne faz silêncio, ao recuar completamente e se tornar *ninguém*. Ele se torna um *ouvinte*: "Toda a sua vontade deve silenciar. Ele deve deixar que todas as vozes de preconceito caiam em silêncio dentro dele – esquecer, esquecer, fazer silêncio, ser um eco perfeito. Então toda a paisagem aparecerá em sua placa sensível à luz"[143].

---

143 CÉZANNE, P. *Über die Kunst, Gespräche mit Gasquet – Briefe*. Hamburgo, 1957, p. 9.

Ouvir é a atitude religiosa por excelência. O *Hipérion* de Hölderlin diz: "Todo o meu ser cai em silêncio e escuta quando a suave onda do ar brinca ao redor do meu peito. Perdido no amplo azul, muitas vezes olho para o éter e para o mar sagrado, e sinto como se um espírito familiar abrisse seus braços para mim, como se a dor da solidão estivesse se dissolvendo na vida da divindade. Ser um com tudo é a vida da divindade, é o céu do ser humano. Ser um com tudo o que vive, retornar em bem-aventurança ao todo da natureza é o cume dos pensamentos e alegrias, é a altura da montanha sagrada, o lugar de descanso eterno"[144]. Não conhecemos mais aquele *silêncio sagrado* que nos eleva à vida da divindade, ao céu do ser humano. O autoesquecimento bem-aventurado dá lugar à autoprodução excessiva do ego. Hipercomunicação digital, a conectividade sem limites não produz conexão, um mundo. Ao contrário, tem um efeito isolador, aprofunda a solidão. O eu isolado, sem mundo

---

144 HÖLDERLIN, F. *Hyperion*. Stuttgart, 1998, p. 9.

e depressivo se distancia daquela solidão feliz, daquela altura sagrada da montanha.

Abolimos qualquer transcendência, qualquer ordem vertical que proporcionasse silêncio. O vertical dá lugar ao horizontal. Nada *se eleva*. *Nada se aprofunda*. A realidade é nivelada em informações e fluxos de dados. Tudo se espalha e se prolifera. O silêncio é um fenômeno de negatividade. É *exclusivo*, enquanto o ruído é resultado de uma comunicação permissiva, extensiva e excessiva.

O silêncio tem início a partir da indisponibilidade. A indisponibilidade estabiliza e aprofunda a atenção, suscita o olhar contemplativo. Ele tem a *paciência* para o *largo* e o *lento*. Onde tudo está disponível e alcançável, nenhuma atenção profunda é formada. O olhar não se detém. Ele vagueia como o de um caçador.

Para Nicolas Malebranche, a atenção é a oração natural da alma. A alma não reza mais hoje em dia. Ela *se produz*. A comunicação extensiva *dispersa* a alma. Somente aquelas atividades que se assemelham à oração podem ser reconciliadas com o silêncio. A contemplação, no entanto, se opõe à produção. A compulsão de produzir e comunicar destrói a imersão contemplativa.

De acordo com Barthes, a fotografia deve "ser silenciosa". Ele não gosta de "fotos barulhentas". É melhor "levantar a cabeça ou fechar os olhos se você quiser olhar com mais atenção para uma fotografia"[145]. O *punctum*, ou melhor, a *verdade* de uma fotografia é revelada no silêncio, no fechar dos olhos. As informações, que o *studium* visa, são ruidosas. Elas se impõem à percepção. Somente o silêncio, o fechamento dos olhos, põe a *fantasia* em movimento. Barthes cita Kafka: "Fotografam-se as coisas para espantar delas o sentido. Minhas histórias são uma espécie de fechar dos olhos"[146].

Sem *fantasia*, só existe *pornografia*. Hoje, a própria percepção tem traços pornográficos. Ela ocorre como um contato imediato, mesmo como uma copulação de imagem e olho. O *erótico* ocorre no fechar dos olhos. Somente o silêncio, a imaginação, abre profundos espa-

---

145 BARTHES, R. *Die helle Kammer*. Op. cit., p. 62s.
146 Ibid., p. 65.

ços internos de *desejo* à subjetividade: "A subjetividade absoluta só pode ser alcançada em estado de silêncio, o esforço para alcançar o silêncio (fechar os olhos significa fazer a imagem falar no silêncio). A fotografia me toca quando eu a retiro de seu bláblábla habitual [...] não dizer nada, fechar os olhos [...]"[147]. O desastre da comunicação digital decorre do fato de que não temos tempo para fechar os olhos. Os olhos são forçados a uma "voracidade constante"[148]. Eles perdem o silêncio, a atenção profunda. A alma não *reza* mais.

O ruído é tanto uma poluição acústica quanto uma poluição visual. Polui a atenção. Michel Serres atribui a poluição do mundo à vontade de apropriação da origem animal: "O tigre mija nas fronteiras de seu território. Assim como o leão e o cão. Como estes mamíferos carnívoros, muitos animais, nossos primos, *marcam* seu território com sua urina dura e fedorenta; do mesmo modo, com seus latidos ou com suas [...] lindas canções, como

---

147 Ibid.

148 Ibid.

tentilhão e rouxinol"[149]. Cuspimos na sopa para apreciá-la sozinhos. O mundo está poluído não só por excreções e resíduos materiais, mas também por resíduos de comunicação e informação. Ele está recoberto com anúncios. Tudo clama por atenção: "[...] o planeta será completamente tomado por resíduos e *outdoors* [...] em cada pedra da montanha, em cada folha de árvore, em cada parcela de terra cultivável, serão estampados anúncios; em cada erva serão escritas letras [...]. Como a catedral da saga, tudo se afunda no *tsunami* dos letreiros"[150].

As não-coisas colocam-se à frente das coisas e as poluem. O lixo da informação e da comunicação destrói a paisagem silenciosa, a linguagem discreta das coisas: "As letras e as imagens impositivas nos obrigam a ler, enquanto as coisas do mundo imploram nossos sentidos por sentido. O último suplica; o primeiro comanda. [...] Nossos produtos já têm significado – su-

---

149 SERRES, M. *Das eigentliche Übel, Verschmutzen, um sich anzueignen*. Berlim, 2009, p. 7.

150 Ibid., p. 76.

perficial –, que é tanto mais fácil de perceber quanto menos elaborados, quanto mais próximos do lixo eles estão. Quadros, lixo pintado; logotipos, lixo escrito; propagandas, lixo visual; comerciais, lixo musical. Estes simples e baixos sinais se impõem à percepção e obscurecem a paisagem mais difícil, discreta e silenciosa, que muitas vezes perece por não mais ser vista, porque é a percepção que salva as coisas"[151].

A apropriação digital de terreno na rede está gerando muito barulho. A luta por territórios agora dá lugar à luta por atenção. A apropriação também assume uma forma muito diferente. Produzimos incessantemente informações para que outros *gostem*. Os rouxinóis de hoje não piam para assustar os outros. Ao invés disso, eles *tuítam* para atrair outros. Não cuspimos na sopa para impedir que outros a desfrutem. Ao contrário, *sharing* é nosso lema. Agora queremos *compartilhar* tudo com todos, o que resulta em um *tsunami* barulhento de informações.

Coisas e territórios determinam a ordem terrena. Eles não fazem barulho. A ordem ter-

---

151 Ibid., p. 56s.

rena é silenciosa. A ordem digital é dominada por informações. O silêncio é alheio à informação. Ela contradiz sua essência. A informação silenciosa é um oxímoro. As informações nos roubam o silêncio, impondo-se sobre nós e exigindo nossa atenção. O silêncio é um fenômeno de atenção. Somente uma atenção profunda produz silêncio. As informações, porém, fragmentam a atenção.

À "cultura nobre" pertence, segundo Nietzsche, a capacidade de "não reagir imediatamente a um estímulo". Ela desenvolve os "instintos inibidores, excludentes". Deve-se "deixar se aproximar, de início com calma hostil, o estranho e *novo* de todo tipo". É destrutivo para o espírito "manter as portas todas abertas", o "sempre estar pronto a meter-se, a *lançar*-se nos outros e noutras coisas", ou seja, "a incapacidade de resistir a um estímulo". A incapacidade de "*não* reagir" é uma "enfermidade", um "declínio", um "sintoma de esgotamento"[152]. A total permissividade e permeabilidade destrói

---

152 NIETZSCHE, F. *Götzen-Dämmerung*, p. 108s. [Kritische Studienausgabe, vol. 6] [trad. bras. de Paulo César de Souza, Companhia das Letras, p. 37, modificado].

a cultura nobre. Perdemos cada vez mais os instintos excludentes que nos facultam dizer "não" aos estímulos insistentes.

Duas formas de potência devem ser distinguidas. A potência positiva consiste em fazer algo. A potência negativa é a capacidade de *não* fazer nada. Entretanto, não é idêntica à incapacidade de fazer algo. Ela não é uma negação da potência positiva, mas uma potência independente. Ele capacita o espírito a demorar-se silenciosa e contemplativamente, ou seja, a atenção profunda. Na ausência de potência negativa, caímos em uma *hiperatividade* destrutiva. Afundamo-nos no ruído. Somente o fortalecimento da potência negativa pode restaurar o silêncio. Mas a compulsão predominante para a comunicação, que se revela uma compulsão para produzir, destrói conscientemente a potência negativa.

Hoje, *produzimo-nos* constantemente. Essa *produção de si* é ruidosa. Fazer silêncio significa *recuar*. O silêncio também é um *fenômeno de anonimato*. Eu não sou o *senhor de mim mesmo, do meu nome*. Sou um *convidado* em minha casa, sou apenas o inquilino do meu *nome*. Michel Serres faz silêncio ao desconstruir seu nome: "Meu nome é de fato Michel Serres. Porque lhe chamam meu *próprio* nome, minha língua e a sociedade me fazem pensar que tenho a *propriedade* destas duas palavras. Bem, conheço centenas de Michel, Miguel, Michael, Mike ou Michail. Você mesmo conhece Serres, Sierras. Junipero Serras ... que vêm do nome ural-altaico para montanhas. Já me deparei com homônimos exatos algumas vezes. [...] Assim, os próprios nomes, às vezes, imitam ou repetem nomes comuns e, às vezes, até lugares. Assim, o meu cita o Mont-Saint-Michel na França, na Itália ou na Cornualha, três lugares juntos. Habitamos em locais mais ou menos glamurosos. Meu nome é Michel Serres, não como apropriação, mas como *aluguel*"[153]. É precisamente a apropriação do nome que causa muito barulho. O fortalecimento do ego destrói o silêncio. O silêncio reina onde eu recuo, onde me perco no *sem nome*, onde me torno completamente *fra-*

---

153 SERRES, M. *Das eigentliche Übel, Verschmutzen, um sich anzueignen*. Op. cit., p. 94.

co: "Suave, quero dizer aéreo e fugaz. Suave, quero dizer, fora de si mesmo e fraco. Macio, branco. Suave, pacífico"[154].

Nietzsche sabia que o silêncio anda de mãos dadas com o recuo do eu. Ele me ensina a ouvir e a prestar atenção. Nietzsche opõe a ruidosa apropriação do nome ao "gênio do coração": "o gênio do coração, que a tudo estridente e autocomplacente faz calar e ensina a ouvir, que alisa as almas ásperas e lhes dá novo anseio a saborear — estender-se imóveis como espelho-d'água, para que nelas se espelhe o profundo céu [...] o gênio do coração, de cujo toque cada um torna mais rico [...] mais inseguro talvez, mais grácil frágil fraco [...]"[155]. O "gênio do coração" de Nietzsche não se *produz a si mesmo*. Ao invés disso, ele recua para o *anonimato*. A vontade de apropriação como vontade de poder, diminui. O poder se transforma em *amizade*. O "gênio do coração"

---

154 Ibid., p. 95.

155 NIETZSCHE, F. *Jenseits von Gut und Böse*, Kritische Studienausgabe, op. cit., Band 5, p. 237 [trad. bras. de Paulo César de Souza, Companhia das Letras, p. 134].

descobre *a força da fraqueza*, que se expressa como o *esplendor do silêncio*.

Somente no silêncio, no *grande silêncio*, entramos em uma relação com o *sem nome* que nos sobrepuja, em vista do qual empalidece nosso esforço pela apropriação do nome. Acima do nome também se eleva aquele gênio "a cuja proteção todo ser humano é confiado ao nascer"[156]. O gênio permite que a vida seja mais do que uma sobrevivência precária do eu. Ele representa um presente intemporal: "O rosto infantil do gênio, suas longas asas trêmulas indicam que ele não conhece o tempo [...]. Portanto, o aniversário não pode ser a comemoração de um dia que passou, mas, como toda verdadeira celebração, uma suspensão de tempo, epifania e presença do gênio. É esta presença que não podemos afastar de nós, que nos impede de nos encapsular em uma identidade substancial, é o gênio que esmaga em pedaços a pretensão do eu de ser autossuficiente"[157].

---

156 AGAMBEN, G. *Profanierungen*. Frankfurt, 2005, p. 7.

157 Ibid., p. 9s.

A percepção absolutamente silenciosa assemelha-se a uma imagem fotográfica com um tempo de exposição muito longo. A fotografia *Boulevard du Temple*, de Daguerre, retrata na verdade uma rua parisiense muito movimentada. Entretanto, devido ao tempo de exposição extremamente longo, que é típico de Daguerre, tudo o que se move é levado a desaparecer. Somente permanece o que é *imóvel*[158]. A *Boulevard du Temple* irradia uma tranquilidade quase como a de uma vila. Ao lado de edifícios e árvores, apenas uma figura humana é visível, um homem que engraxa seus sapatos e, portanto, fica parado. Assim, a *percepção do largo e lento* só reconhece coisas silenciosas. Tudo o que se apressa está condenado a desaparecer. A *Boulevard du Temple* pode ser interpretada como um mundo visto com um olho divino. Somente aqueles que habitam no silêncio contemplativo aparecem ao seu olhar redentor. *É o silêncio que redime.*

---

158 Aqui há um jogo com o vocábulo *Still* (silêncio), que também significa manter-se imóvel, parado (*stillstehen*) [N.T.].

Um excurso sobre o *jukebox*

No início de uma noite do outono de 2017, eu estava pedalando em Berlim-Schöneberg quando de repente começou uma forte chuva. Eu estava descendo muito rápido na ligeiramente inclinada Crellestrasse. Então eu escorreguei e caí no chão. Enquanto me esforçava para me levantar novamente, vi uma loja meio perdida com jukeboxes na minha frente. Como até então eu só conhecia a *jukebox* de literatura ou filmes, uma grande curiosidade me levou até a loja. O casal de idosos que era dono da loja ficou um pouco surpreso com a minha visita. Só raramente alguém parecia divagar ali. Eu me sentia um pouco como se estivesse em um sonho. Por causa dos muitos objetos antigos e adereços que estavam na loja, eu de alguma forma fiquei fora do tempo. Foi provavelmente também o impacto doloroso que colocou minha percepção em um estado atordoado. O acidente de bicicleta em Berlim-Schöneberg causou uma ruptura no tempo e me deu uma viagem de volta ao *mundo das coisas*.

Eu fiquei muito fascinado com o charme dos *jukeboxes*. Passei de um *jukebox* a outro, como se estivesse em um reino de fadas cheio de coisas maravilhosas. A loja se chamava "Jukeland". As coisas lá brilharam em uma beleza estranha. Eu fiquei particularmente impressionado com um *jukebox* AMi turquesa. Era um modelo da década de 1950. Nesta "Era da Prata", os *jukeboxes* adotaram elementos estilísticos do design do carro, tais como a barbatana traseira, o para-brisa panorâmico ou as luzes traseiras. Portanto, hoje eles parecem um carro clássico com muitas peças cromadas brilhantes. Eu me apaixonei imediatamente por esse *jukebox* turquesa com uma grande janela panorâmica e estava bastante determinado *a possuí-lo*.

Quando adquiri o *jukebox*, eu tinha um apartamento com apenas um piano de cauda velho e uma mesa médica de metal. Além disso, estava vazio. Naquela época eu tinha a necessidade de estar em um apartamento vazio. Nem o piano de cauda, nem a mesa do médico diminuíram o vazio. Na verdade, eles a reforçaram. Eu me tornei uma terceira coisa no grupo. Ser uma coisa silenciosa e sem nome na sala seria o mesmo que redenção. O vazio não significa que não haja nada na sala. Ele é uma intensidade, uma presença intensiva. É uma manifestação espacial de silêncio. Vazio e silêncio são irmãos. O silêncio também não significa que nenhum som possa ser ouvido. Alguns sons podem até enfatizá-lo. O silêncio é uma *forma intensiva de atenção*. Coisas como uma escrivaninha ou um piano de cauda criam silêncio ao atrair e estruturar a atenção. Hoje estamos cercados por coisas que não são coisas, por distrações informativas que fragmentam nossa atenção. Assim, eles destroem o silêncio, mesmo que sejam sem som.

Eu coloquei o *jukebox* na sala com o velho piano de cauda. Naquele tempo eu praticava incansavelmente a *ária das Variações Goldberg* no piano de cauda. Uma empreitada muito difícil para alguém que nunca teve aulas de piano. Ao piano, senti-me como uma criança aprendendo a escrever pela primeira vez. Aprender a escrever tem algo de similar à oração. Levou mais de dois anos até que eu pudesse tocar toda a ária de cor. Desde então, eu a tenho repetido como uma oração. A coisa bela com uma cauda larga se tornou minha roda de oração.

À noite, eu entrava frequentemente na sala de música e escutava o *jukebox* no escuro. A difusão de luz multicolorida na grelha do alto-falante só aparece plenamente no escuro. Ela dá ao *jukebox* algo erótico. O *jukebox* ilumina a escuridão com luzes coloridas e cria uma coisa mágica à qual eu me rendi.

O *jukebox* torna a audição de música uma experiência visual, acústica e tátil altamente prazerosa. No entanto, é muito trabalhoso e demanda tempo intensivamente. Como o *jukebox* não está em operação contínua em minha casa, ele deve primeiro ser conectado à energia elétrica. Os tubos demoram um pouco para aquecer. Depois de inserir uma moeda, aperto cuidadosamente os botões. Então todo o mecanismo começa com uma forte crepitação. Após o giro da roda do disco ser colocado em movimento, o braço do trocador de discos pega um disco e o coloca com um movimento preciso. Antes que o braço da agulha aterrisse no disco, ele passa uma pequena escova que limpa a agulha do pó. Tudo isso é como mágica, uma coisa que me surpreende a cada vez.

O *jukebox* produz *ruídos de coisa*. Ele parece querer comunicar especificamente que é uma coisa. Ele tem um corpo volumoso. Seu rugido vem do fundo da barriga, como se fosse a expressão de sua volúpia. O som digital é livre de qualquer ruído de coisa. Ele é sem corpo e liso. O som que o *jukebox* produz por meio de um disco e um amplificador tubular é fundamentalmente diferente do som digital. Ele é *material* e *corpóreo*. O som *crepitante* me toca, provoca-me arrepios.

O *jukebox* forma uma verdadeira *contraparte*. É um *contra-corpo* como o pesado piano de cauda. Quando estou na frente do *jukebox* ou toco o piano de cauda, penso para comigo mesmo: para a felicidade, precisamos de uma *contraparte imponente* que se sobreponha a nós.

A digitalização elimina todas as *contrapartidas*, todas as *oposições*. Como resultado, perdemos o sentimento pelo que nos sustém, pelo que nos sobrepõe, pelo que nos eleva em geral. Devido à falta de uma contraparte, caímos constantemente de volta em nosso ego, o que nos torna sem mundo, ou seja, deprimidos.

O *jukebox* me levou a um estranho mundo de música pop das décadas de 1960 e de 1970. Nem uma única canção nos cartões de título numerados me era conhecida. Assim, no início eu simplesmente pressionava qualquer combinação de teclas e me deixava ser transportado para um mundo estranho. Os títulos a escolher foram: *Cry* de Johnnie Ray, *Dream Lover* de Bobby Darin, *Wonderful World* de Sam Cooke, *In the Mood* de Glenn Miller, *Rama Lama Ding Dong* de The Edsels, *Ich weiss, es wird einmal ein Wunder geschehen* de Zarah Leander, *Here in My Heart* de Al Martino, *Then He Kissed Me* de The Crystals ou *Tell Me That You Love Me* de Paul Anka. Estes títulos me fizeram suspeitar vagamente que o mundo deve ter sido de alguma forma mais romântico, mais sonhador do que é hoje.

No meio do *jukebox* está a etiqueta vermelha de preço em centavos e DM[159]. Como sou o sortudo dono do *jukebox*, tenho acesso a um botão que me permite burlar a barreira de pagamento. Mas não fiz uso dela até agora. O som característico que a moeda em queda faz é tanto uma parte do *jukebox* quanto o crepitar do disco. É um daqueles belos sons de coisa que eu não gostaria de perder. Especialmente na era do YouTube, eu gosto particularmente do fato de pagar algo pela bela música. A moeda é, afinal de contas, o bilhete para um mundo encantado.

Apesar de toda a euforia, continuo me perguntando: Onde meu *jukebox* pode ter ficado durante toda sua vida? Deve ter tido uma vida conturbada. Ele traz traços visíveis de sua história. Eu gostaria de ser o intérprete do destino, o fisionomista do mundo das coisas. Meu quarto silencioso talvez não seja um lugar adequado para o *jukebox*. Na minha mesa, ocasionalmente, sinto sua solidão, seu abandono. Muitas vezes, fico convencido da sensação de

---

159 Deutsche Mark, isto é, Marco Alemão [N.T.].

ter arrancado o *jukebox* de seu lugar, que a propriedade, neste caso, é um sacrilégio. Mas onde poderia estar ainda hoje o *jukebox*? Afinal de contas, com as coisas perdemos os *lugares*. Eu me consolo com o pensamento de que minha posse salvou o *jukebox* de seu desaparecimento definitivo, que o liberto da servidão de ser útil, que o despojo de seu caráter de mercadoria, transformando-o em uma coisa do coração.

Para Peter Handke, o *jukebox* não é uma coisa isolada, mas uma *essência local*. Ele forma um centro de lugar. O protagonista de *Ensaio sobre o jukebox* procura os "lugares do *jukebox*". Como um centro de gravidade, o *jukebox reúne* e *sintoniza* tudo ao seu redor em um lugar. Ele é a *fundação de um lugar*. Ele concede ao lugar *contornos silenciosos*. O leitor está presente quando a coisa se torna um lugar e um mundo: "O *jukebox* está no bar, sob a janela que fica bem aberta depois do calor do dia; a porta também está aberta, de frente para a pista. Além disso, o lugar é quase desprovido de móveis; o pouco que já foi posto de lado e já está sendo limpo. As luzes do *jukebox* brilham no piso molhado do terraço, um brilho que gradualmente desaparece à medida que seca. O rosto da garçonete na janela é muito pálido apenas em comparação com os bronzeados dos poucos viajantes que esperam lá fora. Após a partida do trem expresso Trieste-Veneza, o prédio parece vazio; apenas dois adolescentes, para os quais o *playground* no momento é a estação, estão brincando barulhentamente um com o outro em um banco. As mariposas já zumbem na escuridão entre os pinheiros do cárstico ali. Um longo trem de mercadorias seladas passa; a única coisa brilhante na parte externa dos vagões são os pequenos selos que se movimentam em suas cordas. Com o silêncio que se segue – é o tempo entre as últimas andorinhas e os primeiros morcegos – o som do *jukebox* principia no lugar"[160].

Handke chama explicitamente o *jukebox* de *coisa*. Fala de "sua coisa"[161], da "coisa de tranquilidade"[162] ou da "poderosa coisa que

---

160 HANDKE, P. *Versuch über die Jukebox*. Frankfurt, 1993, p. 116s.

161 Ibid., p. 102.

162 Ibid., p. 85.

brilha nas cores do arco-íris"[163]. O protagonista está convencido de um profundo significado da coisa que agora perdemos completamente: isso quer dizer que ele lamentava o desaparecimento de seus *jukeboxes*, estes objetos hesternos, possivelmente mesmo sem um segundo futuro? Não. Ele só queria, antes que se perdesse de sua própria visão, reter e fazer valer o que uma coisa poderia significar para alguém e, acima de tudo, o que poderia emanar de uma mera coisa"[164].

Somente as coisas tornam o mundo *visível*. Elas produzem visibilidade, enquanto que as não-coisas a destroem. Elas abrem a vista, até mesmo a *vista do lugar*. Em vista do *jukebox*, manifestam-se ao narrador figuras que de outra forma o teriam escapado. Tudo, tanto pessoas quanto animais, transforma-se em *habitantes*, os *povoadores do lugar*. Surge uma vida *calma do lugar* onde tudo é vizinho, enquadrado em uma *comunidade silenciosa de coisas*: "De repente, figuras até então negli-

---

163 Ibid., p. 16.

164 Ibid., p. 110s.

genciadas aparecem em todos os lugares da região. No banco junto à árvore, uma pessoa adormecida. Na grama atrás do banheiro, um grupo inteiro de soldados está acampado, sem deixar vestígios de bagagem. Na plataforma para Udine, encostado a um pilar, um homem negro maciço, também sem bagagem, sozinho em camisa e calças, absorto em um livro. Da mata de pinheiros atrás dele, um par de pombos continua circulando, um perto do outro. É como se todos eles não fossem viajantes aqui, mas os habitantes, ou povoadores, da área da estação"[165]. Os povoadores do lugar estão "sem bagagem". Eles não viajam. Eles *permanecem*. A *magia da permanência* emana do *jukebox* como uma coisa.

Handke aponta que o *jukebox* confere a tudo ao seu redor um aspecto de presentificação intensiva, uma *presença*. Na proximidade do *jukebox*, toda situação costumeira se torna um *evento de presença*. Uma gravidade emana da coisa, condensando e aprofundando as aparências fugazes em torno da presença. A criação da

---

165 Ibid., p. 117.

presença, a presença intensificada e intensiva é o que faz a *magia da coisa*: "Ao lado de sua coisa, o que mais estava ao redor assumia uma presença toda própria. Quando possível, ele tomava assento nos lugares onde podia ver toda a sala e uma parte do lado de fora. Lá, com o *jukebox* e deixando a fantasia vaguear, sem se fixar em observações que lhe desagradavam, frequentemente ele alcançava um fortalecimento de si mesmo, um estado de presença também de outras vistas. E o que se tornava presente neles não eram tanto as características notáveis ou os estímulos como as características habituais, mesmo apenas as formas ou cores familiares, e tal presença intensificada lhe parecia algo de valor – nada mais valioso e digno de ser transmitido do que isso [...] *Queria dizer* algo então, simplesmente, quando um homem andava, um arbusto se movia, o ônibus era amarelo e desligava na estação, o cruzamento formava um triângulo, a garçonete ficava na porta, o giz ficava na borda da mesa de bilhar, chovia e, e, e, e, e"[166]. A magia do *jukebox* consiste em tornar presente, em dar presença e intensida-

---

166 Ibid., p. 102s.

de a insignificâncias, futilidades, habitualidades, trivialidades ou fugacidades. A coisa fortalece o *ser*. As visões fugidias são dadas "articuladas", por assim dizer, como ossos e andaimes. Assim, elas ganham em *duração*.

Outro *jukebox* é descrito como um evento espacial especial. O protagonista se depara com ele num estabelecimento no subsolo de uma rua lateral na Calle Cervantes em Linares. O local é tão grande quanto uma despensa. Mas o *jukebox* cria um milagre espacial. Seus sons expandem o espaço. Faz parte da natureza da coisa que ela cria *espaço*: "O proprietário era um homem velho (que ligava a luz principal somente quando um convidado chegava), geralmente sozinho com o *jukebox*. Ele tinha a peculiaridade de todas as placas de título estarem em branco [...] havia apenas as combinações de letras e números, à cabeça dessas tiras em branco. Mas por toda a parede, em todas as direções, até o teto, as capas dos discos foram colocadas, com os códigos adequados escritos à mão, e, assim, depois que a máquina era ligada, sempre apenas a pedido, o disco desejado – a barriga da coisa, como se estivesse eviscerada, mostrava-se cheia deles – era colocado para tocar. De repente, com o rugido monótono profundo do aço, havia tanto espaço no pequeno casebre, tanta tranquilidade emanava daquele lugar em meio ao ritmo agitado dos espanhóis e do seu próprio"[167].

Só posso seguir de forma limitada a crítica da Heidegger em relação à técnica. Heidegger certamente não usaria o *jukebox* em sua coleção de coisas. Seus exemplos de coisas são: Espelho e fivela, livro e quadro, coroa e cruz. As aliterações sugerem uma harmonia entre as coisas. Os equipamentos técnicos não pertencem à coleção de coisas de Heidegger. Mesmo a aliteração entre joia e *jukebox* não ajudaria esta última a alcançar o *status* de coisa. A tecnologia tem um lado mágico. A metalurgia, que eu estudei inicialmente, também me pareceu ser alquimia. Não foi por acaso que Novalis estudou mineração e mineralogia. Em *Heinrich von Ofterdingen*[168], o protagonista

---

167 Ibid., p. 136s.

168 Uma tradução ligeira seria: Henrique de Frequentes--coisas [N.T.].

sente nas passagens subterrâneas um "deleite maravilhoso por coisas que têm uma relação mais próxima com nossa existência secreta"[169].

O *jukebox* é um autômato. É parte da longa tradição dos autômatos musicais. Os românticos ficavam fascinados com os autômatos. Uma história de E.T.A. Hoffmann é chamada *Os autômatos*. O protagonista é um boneco mecânico, um turco oráculo. Ele responde às perguntas "sempre com um olhar profundo sobre a individualidade do questionador, às vezes seco, às vezes bastante divertido, e depois novamente cheio de espírito e astúcia e maravilhosamente preciso até o ponto da dor"[170]. "Alexa" da Amazon não é um autômato, mas um infômato. Falta-lhe aquela magia da coisa. É bem possível que a inteligência artificial logo lhe ensine oracular, mas como um *cálculo* algorítmico. Mas isto carece de qualquer magia. Onde tudo se torna calcu-

---

169 NOVALIS, G.P.F. *Heinrich von Ofterdingen*. Stuttgart 1960, p. 242 [Schriften, vol. 1].

170 HOFFMANN, E.T.A. Die Automate. In: *Die Serapions-Brüder*. Berlim, 1827, p. 91-127, aqui p. 94 [Ausgewählte Schriften, vol. 1].

lável, a sorte desaparece. A sorte é um *evento* que ilude todos os cálculos. Existe uma conexão íntima entre feitiçaria e sorte[171]. A vida calculável e otimizada é sem magia, ou seja, sem sorte.

Meu *jukebox* é composto de metade de metal porque é da "Era da Prata". Ele tem um corpo realmente bonito. Os metais são um material fascinante. Durante anos, estudei sua misteriosa vida interior. Enquanto estudava metalurgia, muitas vezes me dei conta de que os metais se comportam como organismos vivos. Por exemplo, eles são muito ricos em transformações. Também se pode escrever sobre *metamorfoses* dos metais. Na minha estante de livros, o livro *Transformações em metais*, de Paul G. Shewmon, encontra-se ao lado de livros filosóficos. É o último livro que li enquanto estudava metalurgia, antes de decidir estudar filosofia. Guardo-o como uma lembrança. Se eu tivesse lido o livro como um e-book naquela época, eu teria uma coisa do coração a menos para pegar de vez em quando

---

171 Cf. AGAMBEN, G. *Profanierungen*. Op. cit., p. 47ss.

como uma lembrança. Sim, as coisas tornam o tempo tangível, enquanto os rituais o tornam transitável. O papel amarelado e seu cheiro me aquecem o coração. A digitalização destrói as memórias e os toques.

Certamente é um erro acreditar que a matéria não é viva. Sou fascinado pela matéria. Hoje estamos completamente cegos para a *magia da matéria*. A desmaterialização digital do mundo é dolorosa para o amante da matéria. Posso concordar com Barthes que todo metal da alquimia é vivo. A "maravilhosa ideia de uma *vida inorgânica*" é, escreve Deleuze em *Mil platôs*, uma "inspiração da metalurgia"[172]. Para o metalúrgico, tudo parece animado. Ele é um *romântico*, um "andarilho, porque ele segue a corrente de matéria do subterrâneo". Sobre a metalurgia como alquimia, Deleuze escreve: "A relação entre metalurgia e alquimia não se baseia, como acreditava Jung, no valor simbólico do metal e sua correspondência com uma alma orgânica, mas na força ima-

---

172 DELEUZE, G. & GUATTARI, F. *Tausend Plateaus*. Berlim, 1993, p. 568s.

nente da corporeidade em toda a matéria e no espírito de corpo que a acompanha"[173].

No decurso da digitalização, perdemos toda a consciência material. Uma re-romantização do mundo teria que pressupor sua re-materialização. Exploramos a terra tão brutalmente porque declaramos a matéria morta e degradamos a Terra aos recursos. A "sustentabilidade" por si só não é suficiente para rever fundamentalmente o nosso trato da Terra. O que é necessário é uma *compreensão completamente outra da Terra e da matéria*. Em seu livro *Matéria Viva*, a filósofa americana Jane Bennett parte do pressuposto de que "a imagem da matéria morta ou completamente instrumentalizada alimenta a *húbris* humana e nossas fantasias de conquista e consumo que destroem a Terra"[174]. Portanto, a ecologia deve ser precedida por uma *nova ontologia da matéria* que a experimenta como viva.

---

173 Ibid., p. 569.

174 BENNETT, J. *Lebhafte Materie* – Eine politische Ökologie der Dinge. Berlim, 2020, p. 10.

A música do *jukebox*, como a FOTOGRAFIA de Barthes, é um *ectoplasma*, uma *emanação* do referente. Tem algo a ver com a ressurreição. Os mortos, trazidos de volta à vida, entram no palco giratório. Eu queria acima de tudo trazer a cantora francesa Barbara por meio do *jukebox* de volta à vida. Eu a amo muito. Há alguns anos, eu planejava fazer um filme sobre ela. Assim, no 20º aniversário de sua morte, fui a Paris com minha câmera de filmar. Filmei imagens enquanto eu caminhava por Paris cantando suas músicas, passando por sua casa na Rua Vitruve, em frente a sua sepultura no cemitério Bagneux ou na Pont Neuf. O *jukebox* faz Barbara estar fisicamente presente novamente. Ele é um *meio de presença*. Sinto os sulcos visíveis dos registros como traços de seu corpo. Elas são as vibrações que emanavam de seu gracioso corpo.

Comprei os discos de *jukebox* da Barbara de toda a Europa. Os vendedores sempre se revelaram como amigos das coisas. Um homem da Bélgica, de quem comprei o disco *Dis, quand reviendras-tu*, colou 30 belos selos belgas antigos na postagem. Assim, ele transformou a postagem em uma coisa linda. Eu até reconheci um selo. Pertencia à coleção de selos da minha infância.

A postagem da Bélgica tomou seu lugar em uma gaveta ao lado de outras coisas bonitas: um velho relógio de bolso cinzelado que comprei há 35 anos enquanto estudava em Freiburg, um relógio de pulso Junghans prateado que um amigo comprou para mim (ele usa o mesmo relógio), uma lupa de arte nova que uso para ler a velha Bíblia de Lutero com fivelas de couro, um pequeno cinzeiro portátil com uma rosa de tricô, uma cigarreira estilo *art-déco* que recebi como presente de aniversário há muitos anos e um carimbo de madeira com os três caracteres chineses do meu nome. Um carimbeiro coreano a fez de uma madeira especial. Ela vem de uma árvore de tâmaras que foi atingida por um raio. Diz-se que ela tem um poder mágico. Supostamente, é para proteger contra o infortúnio. O carimbeiro me deu alguns pequenos pedaços desta madeira incomum para levar comigo. Eu carrego um deles na carteira. A pequena coisa de madeira é meu amuleto.

No passado, os japoneses costumavam dizer adeus a coisas que estavam em uso pessoal há muito tempo, como óculos ou pincéis de escrever, com uma cerimônia no templo. Hoje, quase não há coisas de que nos despediríamos dignamente. As coisas agora nascem quase mortas. Elas não são usadas, mas consumidas. Somente o uso prolongado dá uma alma às coisas. Somente as coisas do coração são animadas. Flaubert queria ser enterrado com seu tinteiro. Mas o *jukebox* é provavelmente grande demais para ser levado para o túmulo. Meu *jukebox* é, acho eu, tão velho quanto eu. Mas com certeza viverá mais do que eu. Há algo de reconfortante neste pensamento...

Conecte-se conosco:

f facebook.com/editoravozes

◉ @editoravozes

𝕏 @editora_vozes

▶ youtube.com/editoravozes

◯ +55 24 2233-9033

www.vozes.com.br

Conheça nossas lojas:

www.livrariavozes.com.br

Belo Horizonte – Brasília – Campinas – Cuiabá – Curitiba
Fortaleza – Juiz de Fora – Petrópolis – Recife – São Paulo

EDITORA VOZES LTDA.
Rua Frei Luís, 100 – Centro – Cep 25689-900 – Petrópolis, RJ
Tel.: (24) 2233-9000 – E-mail: vendas@vozes.com.br